# 常用危险货物运输知识问答

GUONEI YUNSHU FEIWEIXIAN HUAXUE WUPIN MULU

◎邱振华　魏振中　李瑞林　刘敏文　张卫星　编

人民交通出版社

## 内 容 提 要

本书以问答的形式,按照危险货物的分类,分别介绍了各类危险品的性质、用途、包装、防护以及运输等方面的基础知识。是从事危险货物运输的从业人员和管理人员的知识读本。

**图书在版编目(CIP)数据**

常用危险货物运输知识问答/邱振华等编 .—北京:人民交通出版社,2008.6

ISBN 978-7-114-07131-7

Ⅰ.常… Ⅱ.邱… Ⅲ.危险货物运输-问答 Ⅳ.U294.8-44

中国版本图书馆 CIP 数据核字(2008)第 057435 号

**书　　名**:常用危险货物运输知识问答
**著 作 者**:邱振华　魏振中　李瑞林　刘敏文　张卫星
**责任编辑**:薛　民
**出版发行**:人民交通出版社
**地　　址**:(100011)北京市朝阳区安定门外外馆斜街 3 号
**网　　址**:http://www.ccpress.com.cn
**销售电话**:(010)59757969
**总 经 销**:北京中交盛世书刊有限公司
**经　　销**:各地新华书店
**印　　刷**:北京牛山世兴印刷厂
**开　　本**:880×1230　1/32
**印　　张**:6.625
**字　　数**:162 千
**版　　次**:2008 年 6 月第 1 版
**印　　次**:2008 年 6 月第 1 次印刷
**书　　号**:ISBN 978-7-114-07131-7
**印　　数**:0001-5000 册
**定　　价**:15.00 元

# 目　录

第一章　危险货物运输基础知识……………………………… 1
1. 什么是危险货物？危险货物包括哪些种类？………… 1
2. 危险货物是怎样分类的？………………………………… 1
3. 什么是联合国编号？……………………………………… 2
4. 根据化学名称，怎样判断危险货物是无机物还是有机物？
…………………………………………………………………… 2
5. 什么是危险货物的物理性质和化学性质？……………… 3
6. 什么是危险货物包装？…………………………………… 5
7. 什么是危险货物包装等级？……………………………… 5
8. 什么叫活度？……………………………………………… 5
9. 什么叫比活度？…………………………………………… 5
10. 什么是生物制品？ ……………………………………… 5
11. 什么是临界安全指数？ ………………………………… 6
12. 什么是临界温度？ ……………………………………… 6
13. 什么是闪点？ …………………………………………… 6
14. 什么是无机化合物？ …………………………………… 6
15. 什么是有机化合物？ …………………………………… 6
16. 什么是危险货物液体？ ………………………………… 6
17. 什么是低比活度放射性物质？ ………………………… 7
18. 什么是磁性物质？ ……………………………………… 7
19. 什么是移动式储罐？罐体、桶和气瓶有何区别？……… 7
20. 什么是运输专用名称？ ………………………………… 8
21. 什么是溶液？ …………………………………………… 8

22. 什么是汽化、挥发、蒸发、升华、液化？它们对危险货物运输有何意义？ …… 8
23. 什么是熔点、凝固点和沸点？ …… 9
24. 什么是相对密度？它对运输的意义是什么？ …… 10
25. 什么是溶解、溶液和潮解？ …… 11
26. 什么是溶液的浓度？在运输中常见的溶液浓度表示方法有哪些？ …… 12
27. 一个当量浓度以下的危险货物溶液可按普通货物条件运输？ …… 13
28. 涉及危险货物的化学反应和化学性质主要有哪些？ …… 14
29. 空气的主要成分是什么？空气对危险货物运输有何影响？ …… 17
30. 水对危险货物运输有何影响？ …… 18
31. 什么是油和油脂？ …… 20
32. 什么是煤焦油、轻油、中油和重油？ …… 21
33. 什么是树脂？ …… 21
34. 什么是化肥？常见的化肥中哪些属于危险货物？ …… 22
35. 危险货物的包装为什么必须严密？ …… 23
36. 为什么危险货物包装的衬垫材料应经过选择？ …… 23
37. 为什么危险货物单件的质量应有一定的限制？ …… 24
38. 危险货物仓库的窗口安装细铜丝或细铁丝网有何好处？ …… 24
39. 影响危险货物储运安全的因素有哪些？ …… 25
40. 为什么有的空容器应按原装危险货物条件运输？ …… 26
41. 危险货物配装的基本原则是什么？ …… 27
42. 什么是危险货物保险箱？怎样组织运输？ …… 28
43. 哪些化学物品不属于危险货物？ …… 29
44. 怎样确定各类危险物质？ …… 30
45. 元素周期表的基本内容是什么？它对危险货物运输

有何意义？ …………………………………………………………… 33
46. 危险货物是怎样污染车辆的？ ………………………………… 36
47. 防护口罩与防毒面具中常用的过滤防毒物质有哪些？
…………………………………………………………………………… 37
**第二章 爆炸品** ……………………………………………………… 38
1. 什么是爆炸？ ………………………………………………………… 38
2. 什么是爆速？ ………………………………………………………… 38
3. 什么是爆炸反应的敏感度？ ………………………………………… 39
4. 什么是爆炸品？爆炸品是怎样进行分类的？ ………………… 40
5. 什么是 A 型爆破炸药？ ……………………………………………… 41
6. 什么是 B 型爆破炸药？ ……………………………………………… 41
7. 什么是 C 型爆破炸药？ ……………………………………………… 41
8. 什么是 D 型爆破炸药？ ……………………………………………… 41
9. 什么是 E 型爆破炸药？ ……………………………………………… 42
10. 什么是点火器材？ ………………………………………………… 42
11. 什么是起爆器材？ ………………………………………………… 42
12. 什么是炸药？炸药怎样分类？ ………………………………… 44
13. 什么是爆炸性混合气体？什么是爆炸极限？ ………………… 45
14. 什么是推进剂？ …………………………………………………… 46
15. 什么是液态推进剂？ ……………………………………………… 46
16. 什么是固态推进剂？ ……………………………………………… 46
17. 什么是粉尘爆炸？ ………………………………………………… 46
18. 为什么爆炸品会引起爆炸？ …………………………………… 47
19. 为什么迭氮化合物容易分解爆炸？ …………………………… 48
20. 什么是雷汞？ ……………………………………………………… 48
21. 为什么重氮盐容易分解爆炸？ ………………………………… 49
22. 什么是硝基化合物？哪些硝基化合物容易引起爆炸？
…………………………………………………………………………… 49

23. 什么是硝化甘油？什么是硝化甘油混合炸药？运输时应注意什么？ …………………………………… 51
24. 什么是硝化纤维素(硝化棉)？为什么含氮量在12.5%以上的硝化棉属于爆炸品？ …………………… 51
25. 为什么高氯酸容易分解爆炸？ …………………… 52
26. 黑火药是怎样配制成的？为什么黑火药可引起爆炸？ …………………………………………… 53
27. 什么是硝铵炸药？ ………………………………… 54
28. 什么是氯酸钾炸药？ ……………………………… 55
29. 什么是液氧炸药？ ………………………………… 55
30. 在真空状态下,爆炸品能发生爆炸吗？ ………… 55
31. 为什么爆炸品的爆炸能产生巨大的破坏力？ …… 56
32. 为什么爆炸品的爆炸容易引起火灾？ …………… 56
33. 爆炸品爆炸会引起中毒吗？ ……………………… 57
34. 爆炸品的爆炸性与其含水量有何关系？ ………… 57
35. 有的爆炸性药品为什么禁用金属容器盛装？ …… 58
36. 承运爆炸品的车辆,为什么不得残留酸、碱及油脂类物质？ …………………………………… 59
37. 装运爆炸品及氯酸钾、氯酸钠和铁桶包装的一级易燃液体,为什么不得使用全铁底板棚车？ ……… 59
38. 为什么起爆器材和炸药堆码不得过高？ ………… 60
39. 盛装爆炸品木箱用的铁钉,为什么不宜过长？ ……… 60
40. 怎样收集撒漏的炸药及爆炸性药品？ …………… 60
41. 爆炸品发生危险时,为什么严禁用砂土盖压？其扑救方法是什么？ ……………………………… 61
42. 爆炸品主要有哪些危险性？ ……………………… 61
43. 危及爆炸品安全的主要因素有哪些？应采取哪些措施保证运输安全？ ……………………………… 62

44. 为什么点火器材、起爆器材、炸药及爆炸性药品相互不得配装？…… 63
第三章 气体 …… 64
1. 什么是气体？…… 64
2. 什么是压缩气体？什么是液化气体？…… 64
3. 什么是临界温度？什么是临界压力？…… 65
4. 为什么要将气体压缩和液化？…… 66
5. 什么是压力容器？盛装压缩气体和液化气体的容器是什么？…… 66
6. 压缩气体和液化气体为什么会引起爆炸？…… 67
7. 压缩气体和液化气体主要包括哪些物质？它们是怎样分类的？…… 68
8. 压缩气体和液化气体的爆炸与爆炸品的爆炸有何区别？…… 69
9. 什么是“惰性气体”？怎样运输？…… 69
10. 什么是氧气？运输中应注意哪些事项？…… 70
11. 什么是乙炔？运输中应注意哪些事项？…… 71
12. 装有压缩气体和液化气体的钢瓶发生漏气时，应采取的应急措施是什么？…… 72
13. 内装剧毒气体的钢瓶漏气时应如何处置？…… 73
14. 为什么氧及按普通货物运输的氧空钢瓶，不得与油脂配装？…… 74
15. 为什么液氯和液氨不可在同一车内配装？…… 74
16. 运输压缩气体和液化气体的空钢瓶时应注意什么？…… 76
17. 什么是气瓶？为什么钢瓶要涂上各种颜色和标志？…… 76
18. 压缩气体和液化气体主要有哪些危害性？…… 78
19. 怎样保证压缩气体和液化气体的安全运输？…… 79
20. 什么是非易燃无毒气体？…… 79

21. 什么是毒性气体? …… 80
第四章 易燃液体 …… 81
1. 什么是易燃液体? …… 81
2. 为什么易燃液体易于着火燃烧? …… 82
3. 何谓闪点? 它与易燃液体危险性的大小有什么关系? …… 82
4. 易燃液体也会发生爆炸吗? …… 83
5. 什么是有机溶剂? …… 83
6. 为什么常温下为固体的金属镧、钕、铈等被列为易燃液体? …… 84
7. 乙醇、无水乙醇、变性乙醇的区别是什么? …… 84
8. 什么是漆? 什么样的漆属于危险货物易燃液体类? …… 85
9. 什么是苯? 它有哪些主要用途? …… 85
10. 为什么运输易燃液体的罐车要做成圆形或椭圆形? …… 86
11. 为什么运输易燃液体的罐车必须配备除静电装置? …… 87
12. 为什么盛装易燃液体的容器必须留有一定的空隙? …… 88
13. 为什么盛装易燃液体的铁桶,要进行 $0.5kg/cm^2$ 的水压或气压试验? …… 89
14. 为什么要用有色瓶具盛装乙醚? …… 89
15. 汽油着火能够用水扑救吗? …… 90
16. 易燃液体有哪些危险性? …… 90
第五章 易燃固体、易于自燃的物质、遇水放出易燃气体的物质 …… 92
1. 什么叫做易燃固体? …… 92
2. 什么叫做燃点? 易燃固体危险性大小与其燃点有何关系? …… 92
3. 为什么闪光粉比镁粉的危险性大? …… 92
4. 怎样识别红磷和黄磷? 如何运输? …… 93
5. 为什么生松香比熟松香的易燃性大? …… 94
6. 为什么粉末状及海绵状的金属钛、钍、锆、铪易于燃烧?

…………………………………………………………… 95
7. 卫生球也是危险货物吗？ ………………………………… 95
8. 赛璐珞板(片)及其制品既易燃又易自燃是什么原因？
…………………………………………………………… 96
9. 硫磺粉和氯酸钾配装有什么危险？ ……………………… 96
10. 闪光粉、铝粉着火能用水扑救吗？ ……………………… 97
11. 为什么氨基化钠及其他活泼金属的氨基化物的火灾
不宜用水扑救？ ……………………………………………… 97
12. 易燃固体有哪些危险性？ ………………………………… 98
13. 什么是自燃？产生自燃的原因是什么？ ……………… 98
14. 为什么自燃物质不与明火相遇也能发生燃烧？ ……… 99
15. 什么是自反应物质？ ……………………………………… 99
16. 自燃物质的自燃与温度有何关系？ …………………… 100
17. 哪些自燃物质属于危险货物？ ………………………… 100
18. 为什么黄磷离开水后会很快自燃？ …………………… 101
19. 为什么纸、布、油脂不属于自燃物质，而油纸、油布则
属于自燃物质呢？ ………………………………………… 102
20. 为什么油纸、油布及其他含油脂制品要经过充分晾干
后才能装运？ ……………………………………………… 102
21. 油纸、油布的含油量与自燃有何关系？ ……………… 103
22. 为什么自燃物质通常采用分格透笼箱包装？ ………… 104
23. 为什么铝铁熔剂着火后，不得用水扑救？ …………… 104
24. 为什么在硝化纤维胶片的装卸作业中，应使用不致因
碰撞而发生火花的工具？ ………………………………… 105
25. 三乙基铝遇水有什么危险？ …………………………… 105
26. 自燃物质的危险性是什么？怎样防止自燃？ ………… 106
27. 什么叫遇水放出易燃气体的物质？ …………………… 106
28. 为什么遇水放出易燃气体的物质遇水或受潮后会引起

燃烧？ …………………………………………………… 106
29. 为什么遇水放出易燃气体的物质有时会引起爆炸？ … 107
30. 为什么镁铝粉列为遇水放出易燃气体的物质？ ……… 108
31. 为什么钠、钾等活泼金属须浸没于矿物油或液体石蜡中储存？ …………………………………………… 108
32. 何谓钠汞齐和钾汞齐？ ……………………………… 109
33. 为什么活泼金属氢化物遇水能引起燃烧？ ………… 110
34. 为什么遇水放出易燃气体的物质不能与桶装的二硫化碳配装？ ……………………………………………… 111
35. 为什么充有氮气的电石桶可以不要放气孔？ ……… 111
36. 为什么不能用酸碱或泡沫灭火器扑救遇水放出易燃气体的物质？ …………………………………………… 112
37. 遇水放出易燃气体的物质主要有哪些危险？怎样防护？ ……………………………………………………… 112
**第六章　氧化性物质和有机过氧化物** ………………… 114
1. 什么是氧化反应？什么是还原反应？ ……………… 114
2. 什么是氧化性物质？什么是还原剂？ ……………… 115
3. 什么是有机过氧化物？它有哪些特殊危险性？ …… 116
4. 为什么有机过氧化物在运输中必须进行温度控制？ …… 116
5. 什么叫自行加速分解温度？ ………………………… 117
6. 如何判断有机反应中的氧化—还原反应？ ………… 117
7. 什么是自偶氧化—还原反应？ ……………………… 117
8. 危险货物中的氧化性物质指的是什么？它们有哪些特性？ ………………………………………………… 118
9. 危险货物中的氧化性物质怎样分类？ ……………… 119
10. 为什么氧化性物质中的过氧化物有强氧化性？ …… 119
11. 为什么有机氧化性物质比无机氧化性物质有更大的危险性？ …………………………………………… 120

12. 什么是硝酸盐？为什么硝酸盐都具有氧化性？ ……… 121
13. 为什么硝酸盐与硝酸、发烟硝酸可以配装，而与硫酸、发烟硫酸、氯磺酸不得配装？ ……………………………… 122
14. 为什么硝酸盐以外的其他无机氧化性物质与硝酸、发烟硝酸、硫酸、发烟硫酸、氯磺酸都不得配装？ ……… 123
15. 为什么无机氧化性物质中的亚硝酸盐、亚氯酸盐、次氯酸盐以及漂粉精、漂白粉等不得与其他氧化性物质配装？ ……………………………………………………… 124
16. 为什么在多数情况下无机氧化性物质和有机氧化性物质不得配装，而个别能够配装的还要隔离？ ……… 124
17. 为什么无机氧化性物质与有机氧化性物质不能和危险货物中的易燃物质与遇水燃烧物质配装？ ………… 124
18. 为什么氧化性物质不得与松软的粉状可燃物配装？ … 125
19. 漂粉精和漂白粉、漂白液有何区别？ ………………… 125
20. 为什么含水量在50%以上的氧化性物质可按普通货物运输？ ……………………………………………… 126
21. 用铁桶包装的氧化性物质，为什么应特别注意防护？ …………………………………………………………… 127
22. 为什么不能用铁质工具粉碎硝酸铵？ ……………… 127
23. 为什么不可用水扑救金属过氧化物？ ……………… 128
24. 氧化性物质有哪些危害性？ …………………………… 128
25. 危及氧化性物质安全的主要因素有哪些？怎样才能保证氧化性物质的安全运输？ …………………… 129
**第七章 毒性物质和感染性物质** ……………………………… 131
1. 什么是毒性物质？怎样分类？ ……………………………… 131
2. 什么是感染性物质，怎样分类？ ………………………… 131
3. 感染性物质包括哪些？ …………………………………… 131
4. 什么是生物制品？ ………………………………………… 132

5. 什么是培养物？ …………………………………… 132
6. 什么是病源体标本？ ………………………………… 132
7. 什么是临床和医疗废弃物？ ………………………… 132
8. 失去效力或活性的病原体是否属于感染性物质？ ……… 132
9. 何谓半数致死量？ …………………………………… 132
10. 毒性物质侵入人体的途径有哪几种？ ……………… 133
11. 何谓中毒？中毒的一般症状及急救措施是什么？ …… 134
12. 怎样解释六六六原粉、六六六粉剂、六六六烟雾剂、六六六乳剂或油剂，六六六高丙体和六六六无毒体？ ……………………………………………… 135
13. 为什么把无毒的砷列入剧毒物质？ ………………… 137
14. 为什么铅汞齐、锌汞齐列为毒性物质？ …………… 138
15. 为什么磷化铝和磷化锌与酸类应隔离储放？ ……… 139
16. 煤焦沥青和石油沥青有什么不同？怎样运输？ ……… 140
17. 为什么氰化物不得与酸性腐蚀性物质配装？ ……… 140
18. 为什么处理汞和汞齐时，常用硫磺粉覆盖？ ……… 141
19. 什么是有机氯农药、有机磷农药？ ………………… 141
20. 何谓乳剂农药，混合乳剂农药，粉剂农药，混合粉剂农药？ ……………………………………………… 142
21. 哪些毒性物质危险性最大？为什么？ ……………… 143
22. 毒性物质的危险性与哪些因素有关？ ……………… 143
23. 为什么磷化铝、磷化锌、锑粉、铍粉、金属铊着火，不能用水扑救？ ……………………………………… 144
24. 毒性物质主要有哪些危险性？怎样防护？ ………… 145
**第八章　放射性物质** ……………………………… 146
1. 什么是放射性和放射性物质？ ……………………… 146
2. 放射性物质放出的射线有哪几种？ ………………… 146
3. 放射性活度，放射性总活度，剂量、剂量率的含义是什么？

…………………………………………………………… 147
4. 什么是放射性物质的半衰期？怎样运输放射性物质？
…………………………………………………………… 148
5. 什么是放射性同位素？ ………………………………… 149
6. 为什么运输放射性物质及其空容器,应保证包装物
表面清洁无污染？ ……………………………………… 149
7. 如何理解放射性物质包装表面 α 射线和 β 射线的剂量率？
…………………………………………………………… 150
8. 为什么有些放射性物质可按普通货物运输？ ………… 150
9. 为什么应避免长时间接触放射性物质？ ……………… 151
10. 为什么要划分放射性物质的运输包装等级？ ……… 152
11. 什么叫放射性同位素制剂及放射性化工制品,辐射源,
检查校正源,标准源,中子源？ ……………………… 152
12. 怎样防护射线的照射？ ……………………………… 153
13. 放射性物质对人体的伤害有哪些因素？ …………… 154
14. 放射性物质的包装须具备哪些要求？ ……………… 155
15. 怎样去除放射性污染？ ……………………………… 157
16. 放射性物质的包装件有哪些种类？ ………………… 158
17. 放射性物质在国际运输中的包装有何要求？ ……… 158
18. 什么是运输指数？怎样确定运输指数？ …………… 159
19. 在正常运输条件下,放射性物质的包装中,自由跌落
的距离如何确定？ …………………………………… 159
20. 放射性物质中 $A_1$ 和 $A_2$ 表示的是什么？ ………… 160
**第九章 腐蚀性物质** ……………………………………… 161
1. 什么叫腐蚀性物质？ …………………………………… 161
2. 何谓酸和碱？ …………………………………………… 161
3. 酸有什么特性？常见的酸中哪些是危险货物？ ……… 162
4. 碱有什么特性？常见的碱中哪些是危险货物？ ……… 162

5. 怎样识别硫酸、盐酸和硝酸？ …… 163
6. 为什么有硫酸和发烟硫酸之分？ …… 164
7. 为什么露置于空气中的浓硫酸体积会增大？ …… 165
8. 为什么浓硝酸和浓盐酸在空气中会冒烟？ …… 166
9. 为什么硝酸具有氧化性，运输中应注意什么？ …… 166
10. 为什么硫酸等强酸不能和过氧化物存放在一起？ …… 167
11. 为什么浓硫酸可用铁桶盛装，而稀硫酸不可用铁桶盛装？ …… 167
12. 浓硫酸是怎样灼伤皮肤的？ …… 168
13. 为什么皮肤沾有浓硫酸时，不能用湿毛巾擦拭？ …… 168
14. 怎样处理硫酸渗漏事故？ …… 169
15. 为什么氢氟酸在空气里冒烟，汽油却不冒烟？ …… 169
16. 为什么不用玻璃及陶瓷容器储存氢氟酸？ …… 171
17. 什么是过氧化氢？怎样运输？ …… 171
18. 什么是溴？怎样运输？ …… 172
19. 烧碱、纯碱、硫化碱、泡化碱有何区别？ …… 173
20. 为什么氨水有刺激性气味？ …… 174
21. 在运输生石灰时如何进行防护？ …… 175
22. 装卸生石灰时，为什么要进行防护？ …… 175
23. 为什么遇酸性腐蚀性物质沾污时，可用稀苏打水冲洗？遇碱性腐蚀性物质沾污时，可用稀醋酸、稀硼酸水冲洗？ …… 176
24. 为什么无水氯化铝和三氧化硫发生火灾禁用水扑救？ …… 176
25. 腐蚀性物质具有哪些危险性？ …… 177
**第十章　杂项危险物质和物品** …… 179
1. 什么是杂项危险物质和物品，怎样分类？ …… 179
2. 什么是高温物质？ …… 179

3. 什么是危害环境的物质？ …… 179
4. 什么是转基因生物和转基因微生物？ …… 179
5. 常见的杂项危险物质和物品有哪些？ …… 180
6. 什么是易制毒化学品，它分为哪几类？ …… 180
7. 什么是毒品？ 它分为哪几类？ …… 180
8. 什么是麻醉药品和精神药品？ 精神药品分为几类？ …… 181
**第十一章　消防知识** …… 182
1. 造成火灾的主要原因是什么？ …… 182
2. 灭火的方法有哪几种？ …… 183
3. 为什么水可用来灭火？ 怎样使用？ …… 184
4. 哪些性质的危险货物不得用水灭火？ …… 185
5. 哪些危险货物的灭火，必须先压盖砂土后用水扑救？ …… 186
6. 为什么砂土能够用来灭火？ …… 186
7. 为什么泡沫灭火器能够灭火？ …… 187
8. 为什么二氧化碳灭火器能够灭火？ …… 188
9. 为什么酸碱灭火器能够灭火？ …… 189
10. 为什么四氯化碳灭火器能够灭火？ …… 189
11. 为什么碳酸氢钠粉可用来扑救火灾？ …… 191
12. 为什么干粉灭火器能够灭火？ …… 191
13. 为什么氟溴烷烃化合物能够用来灭火？ …… 192
**附表　元素周期表** …… 194

# 第一章　危险货物运输基础知识

## 1. 什么是危险货物？危险货物包括哪些种类？

危险货物运输是针对普通货物运输而言。在运输中，货物品类繁多，性质各异。其中，有的性质稳定，在储运过程中不会发生或不易发生变化，运输时较为安全，这样的货物叫做普通货物。

此外，有的货物性质不太稳定，甚至很不稳定，在储运过程中稍有不慎容易发生变化，造成燃烧、爆炸、腐蚀等事故；有的本身具有毒性或放射性，在储运中，容易发生危害。这类在储运中容易发生危害的货物叫做危险货场。像汽油、炸药、强酸、强碱、活泼金属、压缩气体、含氧酸盐、易燃性有机化合物、毒品、农药、放射性同位素等都是危险货物。危险货物又称危险品。

危险品在储运过程中，由于受热、明火、摩擦、振动、撒漏等影响，容易引起燃烧、爆炸、腐蚀、中毒、辐射等危险，进而造成人身伤亡和人民财产的毁损等事故。为了保证安全，对危险品的储运工作应格外小心谨慎，严格按照《危险货物运输规则》办理。

常见的危险货物，主要包括各种危险性较大的化工原料、化学药剂、弹药、炸药、农药、放射性同位素及矿砂等。

## 2. 危险货物是怎样分类的？

根据联合国关于危险货物运输的危险性，将危险货物分为 9 类。某物品如达到其中一类或若干类的标准，并在某些情况下对应于三个 UN 包装等级之一，该物品则定义为危险货物。这 9

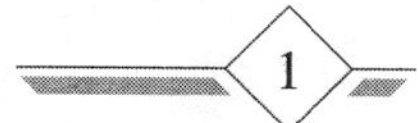

个类别与危险性种类有关,而包装等级与该类所适用的危险性程度有关。

9类危险货物分别是:

第1类　爆炸品;

第2类　气体;

第3类　易燃液体;

第4类　易燃固体、易于自燃的物质、遇水放出易燃气体的物质;

第5类　氧化性物质和有机过氧化物;

第6类　毒性物质和感染性物质;

第7类　放射性物质;

第8类　腐蚀性物质;

第9类　杂项危险物质和物品。

### 3. 什么是联合国编号?

为识别某一物质或某一组特殊物质,联合国危险品运输专家委员会为其制定了四位数编号(前缀词"UN"必须始终放在这些号码之前)。

### 4. 根据化学名称,怎样判断危险货物是无机物还是有机物?

无机危险货物和有机危险货物是两大类不同的物质。一般地说有机危险货物的危险性比无机危险货物的危险性大。从安全角度出发,能尽快地判断危险货物是有机物还是无机物,对运输和管理都有着现实的重要意义。

根据危险品的化学名称可以判断出危险货物是无机物还是有机物。

无机物的化学名称比较简单。绝大多数无机物的名称和组成它的元素名称联系在一起,例如:钠、氧、臭氧、黄磷、赤磷、一氧化碳、氧化钠、氢氧化钠、硫酸、高锰酸钾、硫氢化钾等。个别的采用习惯名称，如硝酸、盐酸；或采用专用名称，如氨、氰、铵等。

有机物的化学名称比较复杂。其名称基本特点如下：

（1）脂肪烃和脂环烃名称主体部分均用“火”字偏旁，如烷、烯、炔等。

（2）芳烃和一些芳烃基名称主体部分均用“艹”字头，如苯、萘、蒽、菲、茚、芴、苊、芘、荧、苄、萘、等。

（3）按官能团分类各类物质名称主体部分用“酉”、“月”字偏旁，如醇、酚、醚、醛、酮、酯、酰、胺、腈、肼、脲、腙等。

（4）杂环化合物名称都采用“口”字偏旁，如吡、咯、呋、喃、吲、唑等。

（5）为了表示有机物结构主链碳原子数目多少用甲、乙、丙、丁、……十一、十二、十三……等字样。为了表示支链或官能团的位置用阿拉伯数字1、2、3……或用希腊字母α、β、γ等。表示官能团数目用中文数字一、二、三……。表示结构上的差异常用正、异、新、间、邻、对、伯、仲、叔、季、聚、缩、顺、反等字样。为了简化字数采用一些合体字，如氢氧合称羟、碳氧合称羰以及羧等。

有机物的名称就是综合这些特点而形成的。例如：甲烷、异辛烷、丁二烯、环戊烷、苯酚、三硝基甲苯、正丁酸乙烯酯、吡啶等。有机物的名称有时很长，却能反映出它们的特点，因而我们很容易从化学名称中判断出危险货物是有机物还是无机物。

## 5. 什么是危险货物的物理性质和化学性质？

物质的运动和变化形式可分为三种：物理变化、化学变化和生物变化。

物理变化的特点是在变化过程中没有新的物质形成，例如水的蒸发、盐的溶解、金属的导电、温度的变化等。

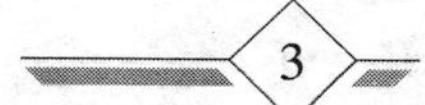

化学变化又称化学作用或化学反应，它的特点是在变化过程中有新的物质产生，例如物质的燃烧、火药的爆炸、氧气的助燃、金属的锈蚀等。

生物变化的特点是在变化过程中伴随有生命现象，例如新陈代谢、呼吸、窒息、中毒等。和物理变化相关联的性质叫做物理性质，和化学变化相关联的性质叫做化学性质。

所以，物质的物理性质不牵涉到物质分子内的变化，化学性质牵涉到物质分子内部的变化。通常涉及到的物理性质如状态、颜色、气味、熔沸点、导电性、传热性、相对密度、溶解性、挥发、升华、潮解等；化学性质如酸碱性、氧化性、还原性、可燃性、助燃性、腐蚀性、毒害性等。这些物理的和化学的性质也就是危险货物的物理性质和化学性质。

了解和掌握危险货物的物理性质和化学性质，对安全运输和管理有很大的实际指导意义。例如，已知乙醚的沸点为34.5℃、闪点为-40℃、相对密度为0.715、有麻醉性，是极易燃烧且有毒，比水轻的强挥发性液体物质，应使用严密封口的铁桶、玻璃瓶或塑料瓶进行包装，防止因挥发使乙醚气体扩散到空气中引起人畜中毒、燃烧和爆炸。因乙醚的沸点较低，在夏季运输应使用大容量的铁桶包装进行冷藏运输。由于乙醚比水轻，在发生火灾时不能用水扑救。

再如，钠、钾、镧、黄磷等都是在空气中能引起自燃的物质，在保存时应和空气严格隔离。黄磷（相对密度1.82）比水重又不和水发生化学反应，所以可浸没在水中保存。镧（相对密度6.19）虽比水重但能和水发生反应生成可燃性氢气，只能置于不和镧发生化学反应的煤油或石蜡之中。钠（相对密度0.97）、钾（相对密度0.86）均比水轻又能和水发生剧烈反应生成可燃性氢气，故只能存放于比其轻又不和其发生化学反应的液体煤油之中。

### 6. 什么是危险货物包装?

在危险货物运输中,包装分为:非放射性物质使用和放射性物质专用两种。

(1)非放射性物质使用的包装是指容器和为发挥容器盛装作用所需要的任何其他部件或材料,并确保符合运输的最低包装要求。

(2)放射性物质专用包装是指将放射性内装物完全封闭起来的各种必要部件的组合体。它可能特别包含一个或多个容器、吸附材料、间隔结构、辐射屏蔽层、用于填装、卸空、排气及减压的辅助装置、冷却装置、减振装置、搬运和绑束附件、绝热层以及与包装件一体的辅助装置。

### 7. 什么是危险货物包装等级?

危险货物包装等级是对运输同一类别或项别的各种物品及物质按其危险程度进行区分的一种表示方法。以罗马数字Ⅰ、Ⅱ、Ⅲ分别表示"极大危险"、"中等危险"及"较小危险"。

### 8. 什么叫活度?

活度是指放射性同位素所发射的放射线数量的计量,用以确定各种类型包装容器中可运输的放射性物质的总数。

### 9. 什么叫比活度?

比活度是指单位质量核素的活度。某物质的比活度必须是放射性核素均匀分布物质的单位质量或单位体积的活度。

### 10. 什么是生物制品?

生物制品是指按国家卫生部门的要求制造的用于人类或动物的以及在特许运输情况下或由该当局颁发执照而运输的生物制成

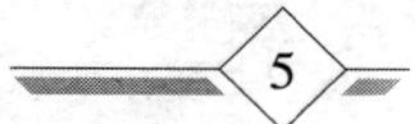

品;或在获许之前为人类或动物的发展或调查目的而运输的生物制成品。或是按照国家卫生部门的要求用于动物试验而生产的制品。这些制品也包括按照政府部门特定的程序而准备制造的生物制品的半成品。用于人类和动物的疫苗是生物制品而不属传染性物质。人类和动物疫苗的进口可由目的地国家颁发许可。

### 11. 什么是临界安全指数?

临界安全指数是指为装有易裂变物质的包装件、合成包装件或者专用货箱制定,用于对含易裂变物质的包装件、合成包装件或专用货箱的集聚进行控制的一个数字。

### 12. 什么是临界温度?

某物质在某一温度以上不可能以液态存在,这一温度称为这一物质的临界温度。

### 13. 什么是闪点?

闪点是指当试验容器内液体产生的易燃蒸气在空气中达到足够浓度而短暂接触点火源时被点燃的最低温度。

### 14. 什么是无机化合物?

无机化合物是指所有不含碳—碳键的元素、合金和化合物。无机化合物包括:碳化物,二硫化碳。

### 15. 什么是有机化合物?

有机化合物是指含有碳元素的化合物。

### 16. 什么是危险货物液体?

危险货物液体是指在50℃时其蒸气压力不超过300kPa (3 bar),

在20℃和101.3kPa压力下不完全汽化，在101.3kPa压力下熔点或初始熔点为20℃或低于20℃的危险物品。比熔点难以测定的黏稠性物质必须进行测量流度的实验（ASTM D 4359－90测试），或进行《欧洲国际公路运输危险货物协定》（联合国出版物ECE/TRANS/140）附录A中2.3.4规定的方法来测定其流速（透度计试验）。

### 17. 什么是低比活度放射性物质？

低比活度放射性物质是指因其本身性质而具有很有限的比活度的放射性物质，或可适用估算的平均比活度限值的放射性物质。

### 18. 什么是磁性物质？

磁性物质是指包括具有相当的高磁场强度的材料，如磁控管和未装有护磁杆又未遮护的永久性磁石。磁性铁金属块状物如汽车、汽车零件、金属围栏、管件及金属建筑材料，尽管不符合磁性物质定义，仍可遵守运营人的特别装载规则，这是因为它们可能对飞机的仪表有影响，尤其会影响罗盘。

### 19. 什么是移动式储罐？罐体、桶和气瓶有何区别？

移动式储罐是指容积大于450L的容器，其外壳由危险品运输所必需的保护设施和构造设备而组成，外部稳固。该储罐须在不需移动其构造设备时能够灌装及排除内物。

罐体是由筒体、封头、人孔、注入口、卸料口等和其必要设置的附件所构成的装载液体货物的封闭容器的总称，其容积大于0.45$m^3$，人孔公称直径不小于400mm，人孔位一般设在罐体顶部。罐体分为常压容器和压力容器。常压容器的罐体容积一般大于1.5$m^3$。压力容器的压力等于0.1MPa，如压力与容积的乘积大于2.5MPa·L，那么其容积大于25L的则称为压力容器。

桶是指容积小于或等0.45$m^3$的钢桶、铝桶等。

气瓶是指压力等于0.2MPa，如压力与容积的乘积大于1MPa·L，那么其容积大于5L的则称为气瓶。

区别在于罐体可以是压力容器也可以是常压容器；桶是常压容器；气瓶是压力容器。

### 20. 什么是运输专用名称？

运输专用名称是指在所有运输文件和通告中，必要时在包装上用以说明某一物品或物质的名称。

### 21. 什么是溶液？

溶液是指两种或者多种化合物或者化学元素的均匀混合液，在常规运输条件下元素间不会分离。

### 22. 什么是汽化、挥发、蒸发、升华、液化？它们对危险货物运输有何意义？

物质在一定的温度和压力下具有的形态，如固态、液态和气态，又称为固体、液体和气体。固体有一定的形状和体积，不流动。液体有一定的体积，没有一定的形状，其形状随容器而改变，有流动性。气体既无一定的体积，也无一定的形状，有流动性。由于液体和气体都具有流动性，合称为流体。物质的形态对运输过程和包装都有着直接的关系，如图1-1所示。

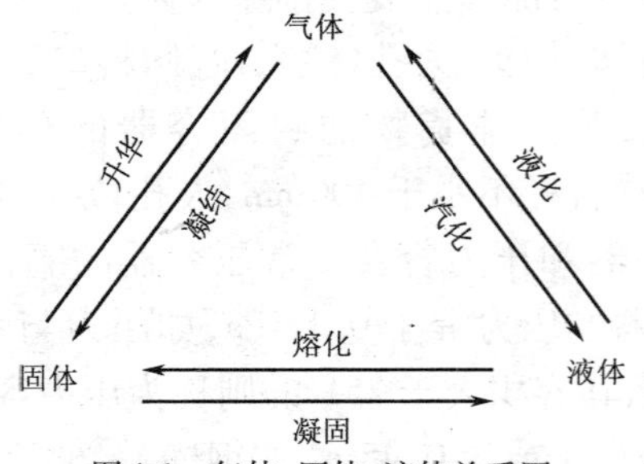


图1-1　气体、固体、液体关系图

物质的形态不是一成不变的,当温度和压力变化时,形态间可以相互转化。

由固体转变为液体的过程叫做熔化,熔化时要吸收热量。反之,由液体转变为固体的过程叫做凝固,凝固时放出热量。

由液体转变为气体的过程叫做汽化,汽化时吸收热量。反之,由气体转变为液体的过程叫做液化,液化时放出热量。

由固体直接转变为气体的现象叫做升华,升华时吸收热量。反之,由气体不经过液体直接转变为固体的现象叫做凝结,凝结时放出热量。

液体汽化在任何温度下都可以进行。在沸点以下时,液体汽化只在表面进行,在液体表面上发生的汽化现象叫做蒸发。蒸发时,液体必须从其周围吸收热量,所以温度越高,蒸发得愈快。当液体达到沸点时,汽化不仅在表面发生,而且内部亦发生,在液体内部形成许多气泡,升腾于液面,这种现象叫做沸腾。液体在沸点以下的蒸发现象又叫做挥发,挥发往往用在容易蒸发的现象上。在危险货物运输中,为了防止易燃液体、毒害性液体、易挥发性液体、有恶臭的液体因蒸发使气体扩散到空气中而造成危害,要求包装严密不漏气,这样还能保护液体不因蒸发、挥发而损失。在运输过程中由于温度的变化在容器内液面上的蒸气有时多、有时少,当液面上蒸气量过大而产生较大压力时,往往能使容器胀裂或爆炸。所以要求包装容器具有较高的强度,在大容量的容器(如铁桶)上留有放气孔供必要时放气减压用。对特别容易挥发的液体只作冬季或夜间运输,注意防热降温。

在运输中对易于升华的物质不应使用袋装,如用袋装应采用多层纸袋或沥青麻袋。

### 23. 什么是熔点、凝固点和沸点?

由固态转变为液态时的温度叫做熔点;反之,由液态转变为固态时的温度叫做凝固点。大多数物质（主要是晶体）的熔点和凝固点在数值上是一致的，不同点是它们的转变方向。个别物质（主要是非晶体）如沥青、玻璃的熔点略低于它们的凝固点。凝固点和熔点的确切定义是固态和液态上蒸气压相等时的温度。

液态物质沸腾时的温度叫做沸点。当液面上的蒸气压等于或超过外界压力时，液体就可以克服外界压力的阻碍而全面汽化，形成沸腾现象，所以说当液面上的蒸气压等于外界压力的温度就叫做沸点。

货物的物理及化学性质决定了在运输过程中使用的包装物。

通过熔点和沸点数据，可以判断出在正常运输条件的温度范围内是固体、液体或气体。有些危险货物的熔点或沸点接近正常运输条件下的温度范围。某些溶液的凝固点在 -15 ~ 0℃之间。为了运输安全，危险货物的危险性大小和其沸点有着密切的关系。在一般情况下，沸点低的危险货物容易挥发，容易引起燃烧，稳定性较差，易污染空气，易在空气中形成爆炸性混合气体，因而危险性也比较大。

### 24. 什么是相对密度？它对运输的意义是什么？

固态和液态物质的相对密度通常以水为标准，气态物质的相对密度以空气为标准。由于涉及相同体积的质量比较，体积和温度有关（气态物质的体积和温度、压力有关），所以对温度和压力需作规定。固态和液态物质的相对密度是该物质和4℃时同体积纯水的质量之比。气态物质的相对密度是该物质和在同温同压情况下同体积空气的质量之比。例如，1$cm^3$（或 1mL）纯水在 4℃时重 1g，1$cm^3$ 水银重 13.6g，水银的相对密度为 13.6。在 1 大气压0℃时 1L 空气重 1.293g，同温同质下 1L 氢气重 0.08987g，氢气的相对密度为 0.0695。

如二硫化碳不溶于水而且比水重（相对密度 1.261），在包装时

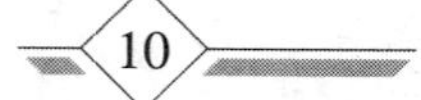

可加上一层水覆盖,就能防止二硫化碳的挥发、污染空气和引起火灾。由于水比二硫化碳轻,在发生二硫化碳火灾时也可以用水扑救。又如,物质的相对密度和消防工作有密切的联系。对液体易燃物进行消防时,凡相对密度比水小的都不能用水灭火。另外,物质的相对密度对选用包装材料、材质和运载工具也有着指导意义。

### 25. 什么是溶解、溶液和潮解?

把一块糖放在水中,糖会逐渐地被水分解,形成糖水。一种物质被均匀地分散在另一种物质中的过程叫做溶解。其中被分散或被溶解的物质叫做溶质。能溶解其他物质的物质叫做溶剂或溶媒。由溶质和溶剂组成的均匀体系叫做溶液。根据溶液的状态,可分为固态溶液(又称固溶体,如各种合金、钠汞齐、钾汞齐等,“齐”即合金)、液态溶液(如糖水、碘酒等)和气态溶液(常称气体混合物,如空气等)。通常所称的溶液指液态溶液,在液态溶液中以水为溶剂的最常见,称水溶液。乙醇、丙酮、汽油、苯、氯仿等液态有机物也是常用的溶剂,称有机溶剂。

某物质具有危险性时,以此物质为溶质或溶剂组成的溶液往往也具有危险性。例如,金属钠遇水燃烧,钠汞齐也遇水燃烧。高氯酸具有氧化性、爆炸性、腐蚀性,72% 以上的高氯酸溶液属于爆炸品,72% 以上的高氯酸溶液属于腐蚀性物质。以有机易燃液体为溶剂的制成品(如制动液、擦铜水、影写板油墨、银浆、碘酒、油漆等)均属于易燃液体。

某些易溶于水的物质在潮湿的空气中或比较潮湿的空气中能吸收空气中的水分而发生溶解的现象叫做潮解。在危险货物中有些物质很易发生潮解,甚至最终完全变成溶液,如醋酐、氢氧化钠等。这些容易潮解的货物能引起货物变质,形成溶液而流失和污染车辆,严重的还能造成其他危害。对易潮解的货物应保证包装的密封性和防水性,以保证运输安全。

## 26. 什么是溶液的浓度？在运输中常见的溶液浓度表示方法有哪些？

根据溶液中溶质含量的多少，溶液分为浓溶液和稀溶液。确切地表示溶液中溶质和溶剂相对含量的多少需用溶液的浓度。在运输中，常见的溶液浓度有百分浓度和当量浓度。

(1)百分浓度

溶液中溶质的数量用百分数表示的浓度叫做百分浓度。有两种情况：

①质量百分浓度。用溶质质量占全部溶液质量的百分数表示的浓度。例如，72%的高氯酸是指在100g高氯酸溶液中含72g高氯酸和28g水的溶液。质量百分浓度主要用在固态溶液和水溶液中。

②体积百分浓度。用溶质质量(g)占全部溶液体积(mL)的百分数或用溶质体积占全部溶液体积的百分数表示的浓度。例如，3%的碘酒是指在100mL碘酒溶液中含碘3g。又如，甲烷的爆炸极限为5.3%～14.0%，即每100mL空气中含甲烷5.3～14.0mL时能引起爆炸。体积百分浓度主要用在非水的液态溶液(以有机物为溶剂的溶液)或气态溶液中。

百分浓度的百分数越大的，浓度越大，含溶质量也越多。对危险货物来讲，危险性也就越大。

(2)当量浓度

《危险货物运输规则》中规定浓度在一个当量浓度(1N)以下的各种溶液，可按普通货物条件运输。当量浓度是以每升溶液中所含溶质的g当量数来表示的溶液浓度。用N作符号。例如，1g当量硫酸是49.04g，溶解在水中成1L溶液时，其当量浓度是1N；2g当量硫酸是49.04g×2＝98.08g，溶解在水中成1L溶液时，其当量浓度是2N。因此1g当量的不同物质其质量是不一样的，1g当量物质的质量，当单位用g表示时，在数值上等于它们的当量。

当量是表示元素或化合物相互作用时的质量比的数值，在比的时候以氢为1.00797个质量单位或以氧为7.9997个质量单位为标准。由于当量是相互作用时的质量比的数值，是相互作用时的相当量，是按照当量比例进行作用的，所以使用时很方便。各物质的当量可按照下列各公式求出：

$$\text{元素或单质的当量}=\frac{\text{元素的原子量}}{\text{元素的化合价}}$$

$$\text{酸的当量}=\frac{\text{酸的分子量}}{\text{酸分子在作用时被置换的氢原子数}}$$

$$\text{碱的当量}=\frac{\text{碱的分子量}}{\text{碱分子在作用时被取代的氢氧根数}}$$

$$\text{氧化物的当量}=\frac{\text{氧化物的分子量}}{\text{相应的酸分子中所含氢原子数或相应碱分子中所含氢氧根数}}$$

$$\text{盐的当量}=\frac{\text{盐的分子量}}{\text{盐分子中的金属原子数}\times\text{金属的化合价}}$$

$$\text{氧化性物质或还原剂的当量}=\frac{\text{氧化性物质或还原剂的分子量}}{\text{氧化性物质或还原剂分子在反应中得到或失去的电子数}}$$

## 27. 一个当量浓度以下的危险货物溶液可按普通货物条件运输？

一个当量浓度以下的各种溶液折合成质量百分浓度一般在10%以下，个别的可能超过10%。总之，一个当量浓度以下的各种溶液中所含溶质的量较少，为稀溶液，即便溶质是危险品，由于含量少，其危险性也不大。

在运输中涉及溶液的主要是氧化性物质、腐蚀性物质和毒性物质中的部分物质。氧化性物质制成溶液后虽仍有氧化性，但不会发生分解爆炸和助燃，故《危险货物运输规则》中规定含水量在

50%以上的氧化性物质可按普通货物条件运输。腐蚀性物质制成水溶液浓度在一个当量浓度以下(一般不超过5%)时,虽有腐蚀性但不强烈,不足以使人身和其他物品因腐蚀作用而发生破坏现象,更不会引起燃烧和爆炸,故可以按普通货物条件运输。而毒性物质的浓度虽在一个当量浓度以下,但有的毒性是很大的。例如,一个当量浓度的氯化汞,在1L溶液中含氯化汞135.75g,氯化汞的人畜致死量为0.2~0.4g,一个当量浓度的氯化汞1.5~2.9mL即可达到此致死量。所以对毒性物质溶液运输时,溶液浓度虽在一个当量浓度以下,仍应慎重。

### 28. 涉及危险货物的化学反应和化学性质主要有哪些?

化学反应包括的范围很广,与危险货物运输有关的反应有如下几种:

(1)分解反应

在一定条件下,一种化合物(如受热、摩擦、冲击、光照等)分裂成两种或两种以上成分较简单的化合物或单质的反应叫做分解反应。例如:

$$2HgO \xlongequal{} 2Hg + O_2\uparrow$$

氧化汞　　汞　氧气

$$2KNO_3 \xlongequal{} 2KNO_2 + O_2\uparrow$$

硝酸钾　　亚硝酸钾　氧气

危险货物中许多物质,尤其是爆炸品和氧化性物质都具有分解性。

(2)化合反应

由两种或两种以上的单质或化合物通过反应生成一种成分比较复杂的化合物的反应叫做化合反应。例如:

$$2H_2 + O_2 \xlongequal{} 2H_2O$$

氢气　氧气　　水

$$SO_3 + H_2O = H_2SO_4$$

三氧化硫　水　　　硫酸

$$CaO + H_2O = Ca(OH)_2$$

氧化钙（生石灰）　水　　氢氧化钙（熟石灰）

易燃物质和自燃物质的燃烧，氧化物和水的反应等都属于此类反应。物质与氧的化合反应叫做氧化反应（狭义概念），氧化反应是危险货物的重要反应之一。

（3）置换反应

一种单质替代化合物中一种原子或原子团而形成另一种单质和化合物的反应叫做置换反应。例如：

$$2Na + 2H_2O = 2NaOH + H_2\uparrow$$

钠　　水　　氢氧化钠　氢气

遇水放出易燃气体的物质和酸的腐蚀性中这类反应比较突出。

（4）复分解反应

两种化合物互相交换基团而生成两种新的化合物的反应叫做复分解反应。例如：

$$NaH + H_2O = NaOH + H_2$$

氢化钠　水　　氢氧化钠　氢气

$$CaC_2 + 2H_2O = Ca(OH)_2 + C_2H_2$$

碳化钙　　水　　　氢氧化钙　　乙炔

$$2NaOH + H_2SO_4 = Na_2SO_4 + 2H_2O$$

氢氧化钠　　硫酸　　　硫酸钠　　水

某些遇水燃烧物、毒性物质、腐蚀性物质等和水的作用以及洗刷消毒的中和反应均属此类反应。

（5）燃烧反应

物质相互化合而发生光和热的现象叫做燃烧，所进行的反应是燃烧反应。燃烧反应一般指物质和氧的化合。例如：

$$CH_4 + 2O_2 = CO_2 + 2H_2O$$

甲烷　氧气　　二氧化碳　水

$$P_4 + 5O_2 = 2P_2O_5$$

黄磷　氧气　　五氧化二磷

危险货物中的自燃物质、易燃物质和遇水放出易燃气体的物质的燃烧均属于此类反应。燃烧反应也可以发生在物质和其他助燃性物质（如氯气、一氧化二氮、各种氧化性物质）之间。

(6)爆炸反应

物质发生剧烈的变化，在短时间内产生大量气体和热量的反应叫做爆炸反应，发生的现象为爆炸。爆炸反应主要是分解反应和燃烧反应。例如：

$$Hg(ONC)_2 = Hg + 2CO\uparrow + N_2\uparrow + \text{热量}$$

雷汞　　　　汞　一氧化碳　氮气

$$2CH_2N_2 = C_2H_4\uparrow + 2N_2\uparrow + \text{热量}$$

重氮甲烷　　乙烯　　氮气

(7)腐蚀反应

物质表面与周围介质或接触物之间发生化学反应并引起物质的破坏现象叫做腐蚀，所进行的反应称腐蚀反应。腐蚀包括金属腐蚀、非金属腐蚀、有机物（包括皮肤、黏膜等）的腐蚀。能进行腐蚀反应的物质主要是强酸、强碱或和水作用后能形成强酸性及强碱性的物质。腐蚀反应的情况比较复杂，例如：

①金属和酸或碱发生置换反应而使金属腐蚀，如：

$$Fe + H_2SO_4(\text{稀}) = FeSO_4 + H_2\uparrow$$

铁　　硫酸　　　　硫酸亚铁　氢气

$$2Al + 2NaOH + 2H_2O = 2NaAlO_2 + 3H_2\uparrow$$

铝　　氢氧化钠　水　　　偏铝酸钠　氢气

②金属被酸氧化而腐蚀，如：

$$Cu + 4HNO_3(浓) = Cu(NO_3)_2 + 2NO_2 + 2H_2O$$

铜 浓硝酸 硝酸铜 二氧化氮 水

③某些碱或浓酸具有强的吸水性,能使皮肤等含水物质干裂而腐蚀,如氢氧化钠。某些浓的强酸能使有机物分子脱水,严重时可使有机物焦化并造成皮肤灼伤,如浓硫酸。

④某些酸性物质具有强氧化性,能氧化有机物并使有机物遭到破坏,如漂白粉等。

⑤强碱性物质能和油脂、氨基酸等作用从而破坏人、畜机体。

⑥硫酸的磺化反应、硝酸的硝化反应等亦能破坏有机物和皮肤等。

(8)毒化反应

凡涉及生物中毒的反应叫毒化反应。

### 29. 空气的主要成分是什么?空气对危险货物运输有何影响?

空气是一种混合气体,主要成分是氮气($N_2$)和氧气($O_2$),此外还有少量的惰性气体和二氧化碳等。按体积计算,干燥的空气平均含氧气 20.93%,氮气 78.10%,氩气 0.93%、二氧化碳0.03%。

空气中的氮气、惰性气体等化学性质比较稳定,即便在受热情况下也不会和一般物质进行化学反应,不会影响危险货物运输的安全。空气中的氧气、二氧化碳、水分等能和危险货物中某些物质进行化学反应,引起货物的变质和发生危险,故需特别注意。

有一些物质不经加热和点火也能在空气中进行缓慢的氧化作用并产生热量,如果所产生的热量散发不出去将使温度逐渐升高,温度高达一定程度后不用点火也能燃烧起来,这就是自燃。由于可燃物质能在空气中燃烧或自燃,所以空气对易燃性物质,尤其是自燃物质的运输安全有着直接的影响,需严格按照危险货物包装要求。

有些物质在空气中氧的缓慢作用下虽不致引起自燃,但有时能引起氧化变质或造成其他危害。例如乙醇一般不会自燃,但长期和空气接触却能逐渐氧化成乙醛,乙醛比乙醇更易燃烧而且有毒。

二氧化碳是酸性氧化物,能和碱或碱性氧化物反应生成碳酸盐而使物品变质。

危险货物中有的因吸收空气中的水分受潮而降低性能,如炸药受潮不易爆炸;有的能和水分结合而变质,如生石灰变为熟石灰;有的吸收水分而潮解,如氢氧化钠、浓硫酸;有的能和水分作用生成可燃性气体或其他有害气体。总之,许多危险货物发生危险时都和空气有密切关系。

### 30. 水对危险货物运输有何影响?

水的化学性质比较活泼,在一般温度下能与钾、钠等活泼金属起作用而放出氢气,与氯、溴等非金属作用生成酸,与碱性氧化物化合生成碱,与酸性氧化物化合生成酸,能和许多物质化合生成水化物,也能和许多物质进行复分解反应。

基于水的物理和化学性质,水对危险货物运输安全有着极为重要的作用。

从不利因素分析:

①水能使某些货物受潮而降低性能。例如:某些炸药受潮不易爆炸,某些氧化性物质受潮后氧化能力减弱。也有些货物受潮反而能增加它们的危险性。又如,胶棉含水分10% ~15%时,爆炸威力最强。过氧化钾遇少量水能爆炸。

②有些货物能强烈吸收水分而溶于水,在吸收水分时放出大量热量,容易引起周围物质的燃烧和容器的胀裂。例如氢氧化钠、氢氧化钾、硫酸、发烟硝酸等。

③有些货物能和水化合并放出热量,不仅使货物变质而且容

易引起燃烧。如生石灰、三氧化硫等。

④有些货物能和水作用生成易燃性气体和热量，能引起自燃或爆炸。例如钠、氢化钠、碳化钙、磷化钙等。

⑤有些货物能和水作用生成毒害性和刺激性气体，容易引起环境污染和人畜中毒。如氰化钠、四氯化硅等。

⑥有些货物能和水作用生成助燃性氧气和热量，容易引起燃烧和爆炸。如过氧化钠、过硫酸、过氧化氢等。

水不仅能使某些货物受潮变质而且能引起危险，故在危险货物运输过程中应注意防水、防潮并要求某些货物的包装要有防水层或密封。

从有利因素分析：

①某些货物加水后，在不发生化学反应的前提下能降低它们的性能。例如含水量在28%以下的高氯酸具有爆炸性和强氧化性，属于爆炸品；含水量在28%以上时爆炸性并不突出，属于酸性腐蚀性物质。又如无水三氯化铝有强腐蚀性，遇水发生剧烈反应，能发火甚至爆炸，属于腐蚀性物质；含水的三氯化铝性质稳定可按普通货物运输。可见水能使危险货物性质稳定，保证运输安全，所以在不影响货物使用的前提下制成含水物质对运输有利。某些危险性较大不易保证安全的货物应要求有一定的含水量或润湿。例如，火棉要求含水量不得少于32%，二硝基苯酚钠必须含20%的水分，胶棉应加适当量的润湿剂等。

②某些易挥发、易被空气氧化而自燃和燃烧的货物，为了安全应使其和空气隔离，只要它们比水重不溶于水，又不和水发生化学反应，可用水作隔离层以保证安全。例如，黄磷应浸没在水中储运，二硫化碳用水封等。

③水的热容量大，是很好的吸热降温物质，广泛用于降温和消防。在降温时应注意不要使水和危险货物接触。在消防时不能用于比水轻的物品和与水能发生危险反应的物品。

④水能溶解很多物质，可用水（必要时可加入药剂）洗刷车、库，防止污染，也可以用水吸收有毒气体。

## 31. 什么是油和油脂？

汽油、溶剂油、柴油、凡士林油、桐油、豆油、菜油、花生油、牛油、猪油、骨油、鱼肝油、薄荷油、柠檬油、冬青油、樟脑油等通常都称为"油"。主要是因为这些物品在性质上有相似之处，例如一般都是液体，比水轻，不溶于水，有滑腻感，可以燃烧等，因而把具有滑腻感和类似的液体统称为油。

油一般可分为矿物油、植物油、动物油和精油（香精油）。

矿物油是石油、页岩油以及它们的产品，主要成分是各种碳氢化合物（烃类），并含有少量的硫、氧和氮的有机化合物。石油又称原油，为深褐色或青褐色黏稠状液体，经提炼后可得石油气、石油醚、汽油、煤油、柴油、润滑油、凡士林油、沥青等。石油及其制品都能燃烧，燃烧所需温度各有不同，按上列顺序燃烧温度依次增高，危险性也逐次减小，都是易燃货物，但润滑油、凡士林油、沥青可按普通货物运输。

植物油和动物油的主要成分是各种高级脂肪酸的混合甘油酯。动植物油在常温下为固体或半固体的习惯上叫做脂肪，为液体的叫做油，合称油脂。液态油类又可根据它们在空气中能否干燥的情况分为干性油、半干性油和非干性油三类。动植物油都能燃烧。和矿物油比较它们燃烧时所需的温度较高而且不易挥发，在运输中比较安全，故多属于普通货物。在运输干性油时应注意容器的密封，否则容易被空气氧化而硬化变质。

精油（香精油）又称芳香油或挥发油，由芳香植物的花、叶、根、茎、果实、种子、树皮等部分提炼出来的，成分比较复杂，但不同于植物油。其中多数属于易燃液体，因包装一般很小，运输尚为安全。

## 32. 什么是煤焦油、轻油、中油和重油?

煤焦油是煤在隔绝空气的情况下,经强烈干馏后所得的油状产物(气态产物为煤气、固态产物为焦炭),呈褐色至黑色。根据干馏时加热情况分为低温干馏(550℃左右)和高温干馏(1000℃左右)。低温干馏主要目的是获得大量的煤焦油,高温干馏的目的是获得冶金用的焦炭。煤焦油经过蒸馏,温度在170℃以下蒸出的馏分叫做轻油,温度在170~230℃蒸出的馏分叫做中油,温度在230~300℃蒸出的馏分叫做重油,残留物叫做焦油沥青(俗称柏油)。

煤焦油是重要的化工原料。轻油为黄色质轻液体,相对密度0.91~0.99。中油为黄色到褐色液体,相对密度约为1。重油又称杂酚油,为黄褐色黏稠液体,相对密度为1.04~1.07。焦油沥青主要用作电极、建筑材料和防腐剂。

轻油、中油、重油和焦油沥青都易燃烧,有毒,虽不都属于危险货物,但运输时仍应多加注意。

重油分为石油产物,相对密度约为0.90~0.96,比水轻;煤焦油产物的相对密度约为1.04~1.07,比水重。两种重油不一样,应注意区分。

## 33. 什么是树脂?

树脂是一类除橡胶以外的,呈固态或半固态的无定形的有机高分子化合物。所谓高分子化合物是指分子量高达几千到几百万的大分子化合物而言。树脂一般为透明或半透明状,没有固定的熔点,但有软化或熔融的温度范围,受热变软并逐渐熔化,熔化后发黏,不导电,一般不溶于水(有的能溶于热水),而溶于醇类或油类之中。

根据来源树脂可分为天然树脂、人造树脂和合成树脂。

树脂也可以根据其溶解情况分为水溶性树脂、醇溶性树脂和油溶性树脂。

树脂的用途极为广泛。主要可用作塑料、人造纤维、涂料、胶粘剂、绝缘材料、建筑材料等。

树脂一般可以燃烧。多数的天然树脂(如生松香、桃脂等)、人造树脂(如硝酸纤维素、人造松香等)和部分合成树脂(如有机硅树脂、醇酸树脂聚氨基甲酸酯树脂等)为易燃液体或易燃固体。水溶性树脂多为易燃液体。醇溶性树脂和油溶性树脂虽不一定是易燃品,但制成溶液后(如有关黏结剂、胶液、涂料、油漆等)因溶剂为易燃液体而成为危险货物。

## 34. 什么是化肥? 常见的化肥中哪些属于危险货物?

化肥全称化学肥料、商品肥料或人造肥料,是以矿物、空气、水、焦炭、食盐等为原料经过化学和机械加工而制成的肥料。根据化肥中所含主要营养元素的名称,化肥可分为氮肥、磷肥、钾肥和微量元素肥料四类。

(1)氮肥

全称氮素肥料,以氮为主要营养元素的肥料。化学氮肥中有铵态氮肥,如硫酸铵$(NH_4)_2SO_4$(硫铵),硝酸铵$NH_4NO_3$(硝铵),氯化铵$NH_4Cl$,碳酸氢铵$NH_4HCO_3$,液氨$NH_3$,氨水$NH_4OH$等。硝酸态氮肥,如硝酸钠$NaNO_3$,硝酸钾$KNO_3$,硝酸钙$Ca(NO_3)_2$等。酰胺态氮肥,如尿素$(NH_2)_2CO$等。氰氨态氮肥,如氰氨化钙$CaCN_2$(石灰氮)等。其中铵态氮肥的硝铵属于氧化性物质,液氨属于剧毒气体,氨水属于腐蚀性物质,硝酸态氮肥都是氧化性物质,氰氨态氮肥为遇水放出易燃气体的物质。这些都是危险货物,应按危险货物条件运输。

(2)磷肥

全称磷素肥料,以磷为主要营养元素的肥料。化学磷肥中常

见的有磷矿粉 $Ca_3(PO_4)_2$、过磷酸钙 $Ca(H_2PO_4)_2 \cdot CaSO_4$ 等，一般为普通货物。

（3）钾肥

全称钾素肥料，以钾为主要营养元素的肥料。化学钾肥中常见的有氯化钾 KCl，硫酸钾 $K_2SO_4$，硝酸钾 $KNO_3$ 等，其中硝酸钾为氧化性物质，属于危险物品。

（4）微量元素肥料

微量元素肥料是否为危险货物，应视其主要成分是否为危险物品而定。

## 35. 危险货物的包装为什么必须严密？

危险货物是一类性质较为活泼和易于发生危害的物品。此类物品当受热、冲击、振动、摩擦、明火或在空气和水等作用下，易于引起爆炸、燃烧、毒害、腐蚀、放射等危害，危险性极大。例如，漏散出来的爆炸性药品受冲击、摩擦等容易引起爆炸燃烧；露置于空气中的黄磷会立即自燃；过氧化物与空气中的水分作用能变质，放出氧气能引起燃烧和爆炸；汽油、乙醚等易燃液体和硫磺、赤磷等易燃固体混在空气中组成爆炸性混合物，极易引起空间爆炸；散布到空间的有毒物质能污染空气并引起人畜中毒；流出的腐蚀性物质能灼伤皮肤并使周围物质遭受破坏等。

## 36. 为什么危险货物包装的衬垫材料应经过选择？

根据货物的特性和需要，选用适当的材料和正确的方法对货物进行衬垫，能防止货物在运输过程中由于内、外包装之间，包装和包装之间，包装和车辆以及装卸机械之间的摩擦、振动或冲击而造成的破损。对液体货物来讲，由于衬垫材料的存在，一旦发生破损也能进行适当的吸附，从而防止液体的流失。

对危险货物来说，衬垫材料应该是柔软而具有一定弹性的质

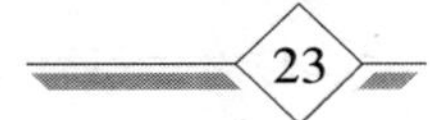

轻物质，此物质一般不和危险货物发生作用并具有一定的吸附性能。稻草、山草、草绳、草套、塑料套、塑料丝条、泡沫塑料、纸条、瓦楞纸、细刨花、矽藻土、石棉粉、蛭石等都是较好的衬垫材料。衬垫材料可分为燃烧性衬垫材料和不燃性衬垫材料。不燃性衬垫材料多用于氧化性物质和腐蚀性物质。具体应该使用何种衬垫材料应由所装的危险货物的性质来确定。

## 37. 为什么危险货物单件的质量应有一定的限制？

为了便于组织危险货物运输，保证装卸、搬运及运输过程中的安全，《危险货物运输规则》中对单位包装质量都作了一定的限制。这些质量的限制主要是依据产品运量的多少，包装材料的种类及材质的好坏，人力装卸和机械装卸负荷能力大小以及本着节约包装材料等原则而制定的。如许多化工产品的包装，由于产品多，运量大，单位包装质量就大一些。而作为试剂的物品，一般用量少，运量不大，因而单位包装质量就小一点。一般说来危险性较大的物品单位包装限制质量小些，危险性小的物品的单位包装限制质量大些等。

## 38. 危险货物仓库的窗口安装细铜丝或细铁丝网有何好处？

铜和铁及其他许多金属都具有良好的导热性。在危险货物仓库的窗户或通风处安装细铜丝或细铁丝网，主要就是利用其良好的导热性。当热体或明火接触这种金属网时，它们不仅能起到机械的屏蔽和阻挡作用，而且容易吸收其热量，同时又能很快地将热沿金属网传递开来并散发出去。这样，既能大大降低热体传递来的温度，并使热量得到逸散，又能有效地挡住热体和明火的进入。即使热体穿过金属网进入库内，由于其热量已被金属网吸收并散发了一部分，温度也将比原先降低许多，这样就能减小或消除库内危险货物引起爆炸和燃烧的可能性。

由此可见，在装有易燃、易爆等危险货物仓库的窗口和通风口装设细铜丝或细铁丝网有一定的好处。值得注意的是，所安装的金属网不能涂有油漆，涂有油漆的金属网吸热和散热的效果较差。

## 39. 影响危险货物储运安全的因素有哪些？

影响危险货物安全的主要因素有以下几方面：

(1)温度

温度对危险货物运输安全有着较大的影响，几乎所有的危险货物发生危险性变化都对温度有一定的要求。如果温度符合其要求，它们就不会爆炸、分解、燃烧或自燃。由此可见，温度对危险货物的运输安全有着直接的影响。一般说来，危险货物的性质随着温度的升高而趋向于不稳定，分解速度加快或容易引起化学变化，当温度达到一定程度时，发生突变——燃烧或爆炸。在温度较低的情况下，危险货物的性质较为稳定，运输也较为安全。故一般的危险货物适宜于低温运输，温度高时应采取通风散热和降温措施。

(2)明火和电火

燃烧时放出的光和热为火，明火指暴露在外的火，包括各种火焰、赤热物体、火星、燃着物以及烟头、火柴余烬等。电火包括电热丝、电火花、雷电等。明火和电火即便是很小的火星或火花，在局部范围却具有很高的温度，据试验，普通的燃着的香烟头温度可高达500℃左右。这样高的温度足以导致许多危险货物的燃烧和爆炸。明火和电火是常见的引起火灾事故的根源，故在危险货物作业场所，应严禁烟火，采用防爆灯具，装有避雷设备，装卸机械和运输车辆设有防火防爆装置。

(3)机械力

机械力主要指在运输过程中摩擦、振动、撞击、挤压等力的作用。这些机械力的作用不仅容易造成危险货物包装上的损坏，还容易引起危险货物发生危险性的变化。摩擦、振动、撞击、挤压等不仅能产生热量和火花，而且能产生一定的波动。在热、火和波的作用下危险货物的性质将变得不稳定，故容易引起燃烧、爆炸、撒漏等危险。在运输过程中应设法使机械力的作用降到最低程度，以保证运输的安全。所以要求装卸和搬运危险货物时，应做到轻拿轻放，严禁拖拉、翻滚、甩抛；包装牢固并有适当的衬垫材料；机械作业有防护措施；装运车辆应禁止溜放、限速连挂和停止制动。

(4)空气、水和杂质的影响

许多危险货物是在空气中发生危险性变化的。也有一些危险品长时间在空气的氧化下能变质，变质后的物品有的能进一步增加危险性。

水能溶解许多物质，某些物质溶于水时能放出大量热，短时间产生大量的热能使物体膨胀而爆炸，例如骤然往浓硫酸、氢氧化钠中加水就可能出现爆炸事故。水还能和一些危险品作用生成危害性更大的物品并且放出热量，从而导致危险。

杂质的影响主要指危险货物和某些其他物质接触后，能和危险货物发生危险性变化或能促使危险性变化的发生，这种物质称为杂质。

总之，空气、水和杂质的存在，对某些危险货物有促进和激发危险性的作用，故应尽可能地使它们隔离开来，这就要求严密包装、严格配装或采取其他措施。

## 40. 为什么有的空容器应按原装危险货物条件运输?

装过危险货物的容器，若未倒净、洗清，在容器内仍存有少量的危险货物。有的危险货物在生产上不允许用完，在容器内仍保留有一定的量。有的危险货物很难洗净，在容器上仍有残留。这样的“空容器”在运输过程中仍有发生污染、中毒、火灾、腐蚀、放射性感染等危害的可能。为了运输安全，对这样的“空容器”应按原装危险货物条件运输。这种情况比较突出的有：

①盛装压缩气体和液化气体的钢瓶,为了便于继续储运原装的气体和保证气体的纯洁性,不允许有其他气体混入容器,故要求在用完后的钢瓶内必须保留有一定量的剩余气体和保持一定的压力。这样的“空钢瓶”,尤其是盛装剧毒、易燃气体的“空钢瓶”应按原装危险货物条件运输。

②装运过毒性物质、腐蚀性物质以及其他具有毒性和强腐蚀性的物品,一般较难洗清、倒净,这类物质应采用专用容器反复装运。这些“空容器”即便外观清洁,也应按原装危险货物条件运输。

③装运氧化性物质,遇水放出易燃气体的物质,一级易燃液体,腐蚀性物质等容器,如果确实倒净、洗清可按普通货物条件运输,否则仍应按原装危险货物条件运输。

④盛装放射性物质的容器,由于被污染仍具有放射性。这样的“空容器”的包装表面如果 $\gamma$ 射线剂量率在 0.1μR/s(微伦琴/秒)以上时,对人畜仍有危害,故应按原装危险货物条件运输。

⑤装过其他危险货物的空容器一般都可以按普通货物条件运输(残余量较多时应慎重),但应注明原装危险货物的名称。

### 41. 危险货物配装的基本原则是什么?

对危险货物运输除了包装要求严密、坚固和切实执行各项安全措施及作业注意事项外,对于不同性质的危险货物以及危险货物和普通货物之间应有一定间隔或隔离。其目的是:①防止由于撒漏混合而发生危险;②防止发生危险后并扩大而带来新的危险;③有利于对危险性的处理和消防工作。

根据危险货物的具体性质和相互抵触程度,隔离可分为:①可以配装;②可以配装,但在车、库内堆放时至少隔离 2m 以上;③不可以配装;

危险货物配装的基本原则如下:

①性质直接抵触的危险货物或危险货物与非危险货物，相互不得配装或必须隔离装载。例如，易燃易爆物品和助燃物品，混在一起时极易引起危险；无机氧化性物质和有机氧化性物质，虽然都是氧化性物质，由于有机氧化性物质还有易燃性的一面，在无机氧化性物质作用下亦能发生燃烧和爆炸的危险。因而，性质抵触大的货物不能配装，抵触性较小的货物可保持一定距离的间隔。

②相互作用后能产生有害物质的不得配装或隔离载。例如，毒性物质中的氰化物和酸性腐蚀性物质作用能产生剧毒的氰化氢气体，危害极大，故不可以配装在一起。其他无机剧毒品与酸性腐蚀性物质；碱性腐蚀性物质中的硫化物和强酸性物质；盐酸和强氧化性物质作用后均能产生有害物质，所以都应进行适当的隔离。

③性质虽无抵触，但一方发生危险后能扩大危险的不得配装。例如，爆炸品中的点火器材、起爆器材、炸药及爆炸性药品；毒性物质和起爆器材、炸药。

④灭火方法不同的危险货物不得配装。否则，不仅有碍灭火工作的顺利进行，还有引起更大事故的危险。例如，爆炸品的良好灭火剂是水，而遇水放出易燃气体的物质遇水就会发生危险，故它们之间不可配装在一起。

## 42. 什么是危险货物保险箱？怎样组织运输？

危险货物保险箱是一种铁、木结构的箱子，专为装运危险货物的一种特殊容器。主要用来装运少量爆炸品，性质特殊量少不易配装的危险货物和少量的贵重危险货物。

使用危险货物保险箱运输的危险货物可比照普通货物运输条件办理。因此，对危险货物保险箱的制作和使用有较严格的要求。保险箱应对危险货物起到一定的防护作用，能防止在装卸、搬运、运输过程中由于撞击、摩擦、明火等外界作用而发生事故。所以，危险货物保险箱必需质量良好且应具备：①严密不漏；②防火抗振;③坚实牢固;④便于运输等条件。同时内装货物应衬垫严密。

危险货物保险箱的制作和技术要求是:

(1)危险货物保险箱的制作材料和规格

①第一层(外层)铁皮,厚度不小于0.5mm;

②第二层木板,厚度不小于7mm;

③第三层石棉,厚度不小于5mm;

④第四层铁板,厚度不小于1mm;

⑤第五层(里层)塑料或铝板。

(2)危险货物保险箱的体积

危险货物保险箱的体积最大不得超过0.5$m^3$,质量(包括所装货物的质量)最大不得超过200kg。

(3)危险货物保险箱的箱盖和箱体

危险货物保险箱的箱盖和箱体应采用压口,骑缝处应用毛毡或橡皮衬垫。箱盖压紧后应密闭不漏,箱内不许露铁,箱外两侧要安装提手,正面有加锁装置和货签插框,禁用红色或绿色油漆涂刷箱子外部,箱子外部应涂刷危险货物专用标志、小心轻放、禁止倒置等辅助标记。

### 43. 哪些化学物品不属于危险货物?

化学物品并不都是危险货物。不属于危险货物的化学物品当然应按普通货物条件运输,但它们在运输过程中是否就一点危险性也没有呢?并不是这样。所以运输时还应引起注意。

危险货物和非危险货物的划分只是相对的,没有严格的绝对界限。例如,危险货物中规定闪点在60.5℃以下的液体为易燃液体,那么闪点为62℃的液体是不是就不易燃烧了呢?显然不能这样说。再如,危险货物中规定具有强烈腐蚀性的货物属于腐蚀性物质,那么腐蚀性小一些的货物是不是就不会腐蚀其他物品了呢?显然也不是的。以三氯化铁为例,它不属于危险货物,但具有一定的毒性、酸性和氧化性，若较长时间接触也能造成严重的腐蚀后果。

**44. 怎样确定各类危险物质?**

危险货物分类的目的是:便于掌握它们的特性，采取必要的防护措施，制定合理的作业要求，从而有利于组织安全运输。

按照《危险货物运输规则》的要求，危险货物的划分，有以下9类。

(1)爆炸品

①含硝酸盐、氯酸盐等氧化性物质和易燃物质组成的混合物。如黑火药、硝铵炸药、聚氯乙烯药柱等。

②有机硝基化合物(尤其是多硝基化合物)。如硝基脲、三硝基甲苯、三硝基酚、六硝基二苯胺等。

③有机硝酸酯类。如硝化甘油、四硝化戊四醇、硝化纤维素等。

④有机重氮化合物。如重氮甲烷、重氮乙烷等。

⑤迭氮酸及其盐类。如迭氮钠、迭氮镁、迭氮碘等。

⑥其他。如雷汞、高氯酸、过氧化氢等。

⑦含有爆炸性药品的制成品。如导爆索、雷管、烟火、鞭炮、子弹等。

(2)气体

凡在常温下为气体的货物或沸点较低的物质，均属于压缩气体和液化气体。

(3)易燃液体

①闪点在60.5℃以下的液体有机化合物。如汽油、煤油、乙醇、环己烷、戊烯、苯、乙醚、乙醛等。易燃有机化合物的分子量一般比较小。

②以易燃液体为溶剂的油漆、树脂液以及其他制成品。

③以液体为浸泡液的货物。如金属镧、铈、钕(以煤油为浸泡液)等,猪脑下垂体以及生物标本等。

(4)易燃固体、易于自燃的物质、遇水放出易燃气体的物质

①某些性质比较活泼的金属粉末或非金属。如铝粉、镁粉、钛粉、锰粉、赤磷、硫磺等。

②硝基化合物(一般只含 1 ~ 2 个硝基,更多的大都是爆炸品)。如二硝基苯、二硝基苯肼、二硝基萘等。

③呈固体状态的多数其他有机化合物。如萘、咔唑、丁炔二醇、樟脑等。

④其他。如硫磷化合物、闪光粉、松香、干喷漆、火补胶等。

⑤黄磷和某些烷基化合物。如三乙基铝、三异丁基铝、三丁基硼等。

⑥油纸、油布以及浸油的棉、毛、麻、金属屑等。

⑦硝化纤维素及其制品。

⑧其他。如铝铁熔剂、铝导线焊接药包、除氧催化剂等。

⑨性质非常活泼和比较活泼的金属及其合金。如钠、钾、铯、锌粉、钠汞齐等。

⑩金属氢化物、碳化物、磷化物。如氢化钠、氢化锂、碳化钙、碳化铝、磷化钙等。

⑪硼氢化合物(硼烷)及其盐类。如十硼氢、硼烷、硼氢化钾、硼氢化钠等。

⑫其他。如石灰氮、保险粉等。

(5)氧化性物质和有机过氧化物

①过氧化物、过酸及其盐类。如过氧化钠、过氧化二苯甲酰、过硫酸铵、过硼酸钠等。

②硝酸盐和亚硝酸盐。如硝酸钾、硝酸钙、亚硝酸钾等。

③卤素含氧酸及其盐类。如高氯酸钾、高碘酸铵、碘酸、碘酸钠等。

④高价态的金属酸酐、酸及其盐类。如高锰酸盐、高铼酸盐、铬酸、重铬酸盐、铬酸盐等。

⑤其他。如二氧化铅、氧化银等以及含有氧化性物质的混合物及制成品(如烟雾剂、发光剂、漂白粉等)。

(6)毒性物质和感染性物质

①农药类。几乎所有的农药对人体都有毒性。可分为杀虫剂、杀菌剂、杀螨剂、杀线虫剂、杀鼠剂、除草剂、脱叶剂、植物生长调节剂等。以农药为主的各种制剂(如粉剂、可湿性粉剂、乳剂、乳油、乳膏、烟雾剂、熏蒸剂等)都是毒性物质。

②含汞、铅、钡、磷、砷、硒、硅、氯、溴、氟、铊、锑等元素的化合物以及氰化物、腈类、胺类等,大都具有毒性。

③毒剂类及其他。

④病源体。包括细菌、病毒、立克次氏体、寄生虫、真菌或其他媒介物。

⑤生物制品。含用于预防、治疗或诊断人类或动物的疾病,或用于与此类活动有关的开发、实验或调查目的的产品。如:疫苗。

⑥培养物。指故意使病原体繁殖的过程结果。

⑦病源标本。直接从人或动物身上采集的人体或动物体物质,如:排泄物、分泌物、血液及其成分、组织和组织液拭子以及肌体部分。

(7)放射性物质

具有放射性的物质都是放射性物质。主要有放射性矿砂、放射性同位素、放射性化学制品、放射性工业制成品等。

(8)腐蚀性物质

①强酸和强碱。如硫酸、硝酸、氢氧化钠、氨水等。

②能和水作用形成强酸或强碱的物质。如三氧化硫、生石灰、四氯化硅、甲醇钠等。

(9)杂项危险物质和物品

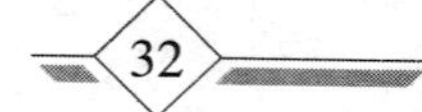

①磁性物质。包装件外表面任一点 2.1m 处的磁场强度不低于 0.159A/m，即为磁性物质。

②高温物质。运输温度等于或高于 100℃的液态物质或温度等于或高于 240℃的固态物质。

③危害环境物质。对水域环境有污染的液态或固态物质及其溶剂和混合物。

④转基因微生物和转基因有机物。不符合感染性物质的定义但能够以非正常自然繁殖方式改变动物、植物或微生物物质的转基因微生物或有机物。

⑤杂项物品和物质。如：石棉、固体二氧化碳（干冰）、消费品、化学药品和急救物品、连二亚硫酸锌等。

上述方法只是一般性规律，不是绝对的，也不完整。如遇有不能确定的，应进一步明确其性能后再行确定。

## 45. 元素周期表的基本内容是什么？它对危险货物运输有何意义？

原子是由一个带正电荷，质量集中的核和在核外运动着的电子组成的。原子组成中量的变化，必然引起质的变化，这样就构成了各种各样的具有不同性质的原子（或元素）。

经过长期科学研究和生产实践，发现元素的性质随着元素的核电荷数（又称原子序数）的增加而呈周期性的变化，这就是有名的元素周期律。

根据周期律，将现有元素依照原子序数的增加依次排列，把每一个周期性变化的元素排成一个横行称为一个周期。把各个周期中性质相似的元素排列在同一纵行之中称为族。由周期和族组成和排列的表叫做元素周期表，见附录。

目前在周期表中共有 112 种元素，分为 7 个周期（横行）和 16 个族（纵行）。周期依次用 1、2、3……编号，每个周期都是由典型的金属(最活泼的金属)逐渐过渡到典型的非金属(最活泼的非金属)并以惰性气体结尾。族有两种情况:一种是包含有第2、3、4、5、6、7周期各元素的叫做主族(用A表示);另一种只包含第4、5、6、7周期各元素的叫做副族(用B表示)。把性质上仍有共同点的一个主族和一个副族合并在一起叫做类,类依次用罗马数字Ⅰ、Ⅱ、Ⅲ、Ⅳ、Ⅴ、Ⅵ、Ⅶ、Ⅷ、0编号并命名。其中Ⅰ~Ⅶ类有主、副族之分,Ⅷ和0类就不用再分族了。同一主族各元素性质相似,但自上而下金属性有所增强,自下而上非金属性有所增强。副族元素都是金属,其金属性在上面的强一些。从总的情况看:在周期表中左下方元素的金属性最强。如表1-1所示。

元素的金属性和非金属性分布　　表1-1

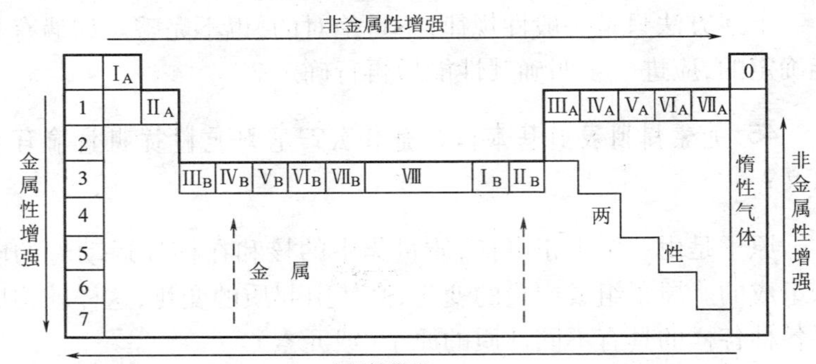


元素周期表体现着元素性质变化的规律,对从事危险货物运输工作有很大的意义。

(1)探索危险货物的分类范围

例如,压缩气体和液化气体就单质来说主要分布在0类和$Ⅴ_A$、$Ⅵ_A$、$Ⅶ_A$族的上部(即周期表的右上角部分)。遇水放出易燃气体的物质就单质来说主要分布在$Ⅰ_A$族和$Ⅱ_A$、$Ⅲ_B$族的下部。无机氧化性物质主要是$Ⅶ_A$、$Ⅶ_B$族和$Ⅵ_B$族上部以及$Ⅴ_A$中氮等元素高价含氧酸盐等,如表1-2所示。

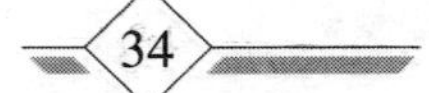

压缩气体和遇水燃烧物质的分布 表1-2

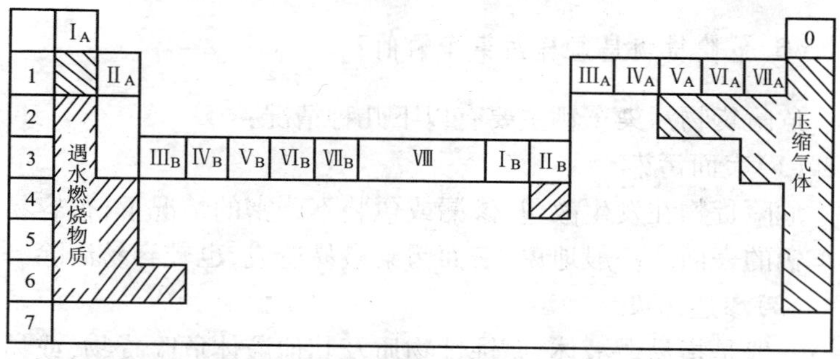


(2)确定危险货物危险性的相对大小

例如，钠在镁的左边，钠的金属性和活泼性比镁强，氢氧化钠的碱性和腐蚀性也比氢氧化镁强；钾在钠的下边，钾的金属性和活泼性比钠强，氢氧化钾的碱性和腐蚀性也比氢氧化钠强。从危险性来看：钾比钠大，钠比镁大；氢氧化钾比氢氧化钠大，氢氧化钠比氢氧化镁大。

(3)区别危险货物和非危险货物

从周期表看，涉及危险货物（毒性物质除外）的元素主要位于表的右上方和左下方以及$VI_B$、$VII_B$族，在表中部的一些元素性质比较稳定，一般是非危险货物。

(4)掌握危险货物发生危险的一些原因

例如，$I_A$、$II_A$族元素具有强的还原性，易失去部分电子表现为+1、+2价的化合物；$VI_A$、$VII_A$族元素具有强的氧化性，易获得部分电子表现为-1、-2价的化合物。当双方单质在一起时，在一定条件下极易化合而燃烧。

(5)有助于判断新产品是否属于危险货物的

例如，在危险货物品名表中没有金属钡，当我们知道钡在周期表中位于左下方，在金属锶的下面，应该是比锶还要活泼的金属。金属锶是遇水放出易燃气体的物质，应储存于煤油之中，金属钡更应属于遇水放出易燃气体的物质，也应储存于煤油之中。

## 46. 危险货物是怎样污染车辆的?

危险货物污染车辆主要有以下几种情况：

(1)表面污染

危险货物在发生散包、渗漏或包装不严密的情况下，很容易污染车辆的表面。一般地说，表面污染最易造成，也较容易清除。

(2)渗透污染

一般是指易燃液体、腐蚀性物质及其他液体危险货物，或易溶解于水的危险物品，它们不仅能够污染车体的表面，而且经过一定时间后，可渗入木板的内部，特别能渗入车底板的内部。此种污染，比较难以清除，必须用大量的清水或配制一定的药剂进行较长时间的溶解、消毒和冲刷。

(3)潮解吸收污染

危险物品发生撒漏，如果这些撒漏危险物品吸水性强，就很容易从空气中吸收水分而发生潮解和溶解，然后又被木板吸收或渗入木纹板隙之内。这种污染的分布面广，可以遍及车辆的顶板、侧板、端板和底板。

(4)熏蒸污染

主要是指气体危险物品和易于挥发成蒸气的危险物品。在长时间的运输过程中，如果这些气体渗入木板的空隙处，并沾附于木板上面，便可造成气体的熏蒸污染。

从污染的面积来讲，熏蒸污染最为广泛，它能涉及车体的各个部位。这种污染容易清除，在通风良好的情况下，蒸气会很快逸散而消除危害。

(5)放射性污染

放射性物质一旦渗入车隙内部，很难清除。由于放射性物质所放出的射线(特别是 $\gamma$ 射线)的危害，能危及人身和货物的安全。又因为放射性物质所放出的各种射线是人体肉眼不能直接观察到的，很难被人察觉，所以危害性就更大了。故凡装过放射性物质或被放射性物质污染过的车辆，必须彻底清扫、清洗、消毒或使用测量仪器进行细致检查。

### 47. 防护口罩与防毒面具中常用的过滤防毒物质有哪些？

用湿毛巾等进行防毒效果较差。为增加对呼吸系统的防毒效果，一般可以使用双层纱布口罩内夹过滤物质，或使用带有滤盒（或滤毒罐）的防毒面具。使用的过滤防毒物质主要有下面几种：

①防护酸性气体（如氯、硫化氢、氰化氢、二氧化氮、氯化氢、二氧化硫、三氧化硫、光气）。用氢氧化钠、氢氧化钾、碳酸钠等，并加活性炭。

②防护氨气或其他具有碱性的有毒蒸气。用硼酸、柠檬酸、硫酸氢钠等。

③防护有机芳香烃类蒸气。用活性炭。

④防护醛、酮、卤代烃类蒸气。用氢氧化钾、氢氧化钠、碳酸钠，加活性炭。

⑤防护氰化物蒸气。用某些金属的氢氧化物和盐类，如氢氧化铝、硫酸铜等。

⑥防护一氧化碳。用二氧化锰加氧化铜。

⑦防护砷、锑化合物蒸气。用二氧化锰、次氯酸盐或过氧化钠等。

⑧防护重金属蒸气。用氧化性物质次氯酸钠，同时加活性炭，以增强防护效果。

防护口罩和防毒面具内的过滤防毒物质易与有毒物质作用而失效。所以在使用时要注意保管和更换，以免因防毒物质吸收性能的减弱或失效而受到有毒气体的危害。

# 第二章 爆 炸 品

## 1.什么是爆炸?

爆炸是指物质发生急剧的变化并在极短的时间内放出大量能量的一种现象。爆炸时所放出的能量通常以热能的方式体现出来,所以爆炸能使周围环境的温度升高和气体膨胀。由于变化时间非常短暂,温度可以升得很高,从而引起周围可燃物质的再燃烧。同时气体膨胀急剧,能产生具有很大压力的气浪并形成冲击波。此种高压气浪或冲击波能产生巨大的声响并使周围物质遭受破坏。总之,爆炸具有很大的破坏作用。

根据爆炸时所进行的变化,爆炸可分为物理爆炸、化学爆炸和核爆炸3种。

物理爆炸是由物理变化引起的,在爆炸前后没有新的物质产生。例如蒸汽锅炉因水高速汽化产生很大的压力,超出锅炉负荷时而引起的爆炸,装有压缩气体的钢瓶受热而引起的爆炸等。

化学爆炸是因化学变化而引起的爆炸,其主要特点是:物质变化的速度极快同时生成大量的气态物质和大量的热。例如炸药的爆炸和粉尘爆炸等。

核爆炸是因核反应而引起的爆炸。例如原子弹的爆炸等。

## 2.什么是爆速?

化学爆炸的主要特点是:变化速度极快,产生大量的气体,放出大量的热。只有同时具备这3个特点的化学反应才能发生爆炸。

爆炸反应,有的在万分之一秒甚至在更短的时间内即可完成。爆炸反应的变化速度常用爆速来表示。爆速是指爆炸物品本身在进行爆炸反应时的传播速度,用 m/s 来表示。例如,爆胶的爆速为 8000m/s,若将此种爆胶制成一根长 8000m 的带子,当一端引爆后,在 1s 内,即可传播到另一端而引起 8000m 长的爆胶全部爆炸。

不同的爆炸物品具有不同的爆速。爆速越大,单位时间内进行爆炸反应的爆炸物品越多,其爆炸威力也就越大,由爆炸而产生的功率也就越大。所以爆速是决定爆炸威力的重要因素。

除爆速外,爆炸反应所产气体和放出热量的多少等都是衡量爆炸威力的重要因素。常见炸药的爆速等性能如表 2-1 所示。黑索金、泰安、特屈儿、硝化甘油等都是爆炸威力很强的炸药。

**爆炸威力强的炸药一览表** 表 2-1

| 炸药名称 | 爆速(m/s) | 1kg 炸药爆炸后所产生的气体量(L) | 1kg 炸药爆炸后所放出的热量(kJ) | 爆发点(℃) |
|---|---|---|---|---|
| 黑火药 | 500 | 280 | 2793 | 300 |
| 硝化甘油 | 8400 | 716 | 6237 | 200 |
| 硝化纤维 | 6300 | 765 | 4305 | 180 |
| 梯恩梯 | 6990 | 690 | 3990 | 300 |
| 特屈儿 | 7740 | 710 | 4578 | 180 |
| 黑索金 | 8380 | 908 | 6300 | 230 |
| 泰安 | 8400 | 780 | 6409 | 215 |
| 雷汞 | 4500 | 315 | 1546 | 170 |
| 迭氮铅 | 4500 | 310 | 1092 | 302 |

### 3. 什么是爆炸反应的敏感度?

爆炸物品进行爆炸反应时需要外界提供一定的能量才能引起爆炸反应的进行。如果外界不提供一定的能量或提供的能量不够充分,爆炸反应就不能进行。外界提供给爆炸物品而引起爆炸反应进行的能量叫做起爆能。爆炸物品能进行爆炸反应所需要的最小起爆能叫做该爆炸物品的敏感度。不同的爆炸物品所需要的起爆能各不相同。显然所需要的起爆能越小,该爆炸物品的敏感度越高(即越易爆炸)。

爆炸物品的敏感度多用敏感度特性来描述。例如:导火索对火焰作用很敏感。导爆索遇火焰和振动、摩擦、打击等均很敏感。雷管与火焰接触和对振动、摩擦、撞击等均很敏感。梯恩梯对火焰的敏感较小,如用雷管引爆则非常敏感。迭氮钠受撞击或受热或猛烈触及金属可发生爆炸等。

## 4. 什么是爆炸品？爆炸品是怎样进行分类的？

能进行爆炸反应的物质很多,它们的爆速、起爆能、敏感度、反应后所产生的气体和热量的多少各不相同,其危险程度也有很大的差别。其中,有些爆炸性物品在通常条件下进行储运不会引起爆炸性危险;有些则稍有不慎就可能引起爆炸性危险。所以,在危险货物运输中,按照爆炸品爆速快,起爆能小,敏感度较高,爆炸威力强弱等将其分为 6 个小项。

爆炸品的分类包括:爆炸性物质;爆炸性物品;为生产爆炸或烟火实际效果而制成的未提及的物质和物品。如爆炸化合物(如雷汞、迭氮钠、三硝基甲苯、硝基脲等)和爆炸混合物(如黑火药——硝酸钾、硫磺和炭粉混合物,硝铵炸药——梯恩梯和硝酸铵等的混合物);爆炸性制成品(如导火索、雷管、爆竹、枪弹、响墩等)等。

在交通运输中,根据爆炸品的性质、用途和运输要求将爆炸品分为 6 项:

第 1.1 项:有整体爆炸危险的物质和物品;

第 1.2 项:有迸射危险,但无整体爆炸危险的物质和物品;

第 1.3 项:有燃烧危险并有局部爆炸危险或局部迸射危险或

这两种危险都有，但无整体爆炸危险的物质和物品；

第1.4项：不呈现重大危险的物质和物品；

第1.5项：有整体爆炸危险的非常不敏感物质；

第1.6项：无整体爆炸危险的极端不敏感物品。

### 5. 什么是A型爆破炸药？

A型爆破炸药是指系指含有液态有机硝酸盐的物质。液态有机硝酸盐系指硝化甘油或硝化甘油与一种或几种下列成分的混合物：硝化纤维素；硝酸铵或其他无机硝酸盐；芳香族硝基衍生物，或可燃物，如木粉填料和铝粉。这类炸药应是粉状、凝胶状、或弹性体。本名称包括胶质硝化甘油炸药、爆破炸药和胶质炸药。

### 6. 什么是B型爆破炸药？

B型爆破炸药是指这种物质是：

①硝酸铵或其他无机硝酸盐与爆炸品（如三硝基甲苯）的混合物，含有或不含其他物质，例如木粉填料或铝粉；

②硝酸铵或其他无机硝酸盐与其他非爆炸性可燃物质的混合物。这种炸药不得含有硝化甘油、类似的液态有机硝酸盐或氯酸盐。

### 7. 什么是C型爆破炸药？

C型爆破炸药是指这种炸药是氯酸钾或氯酸钠或者是高氯酸钾、高氯酸钠或高氯酸铵与有机硝基衍生物和或可燃物（例如木粉填料、铝粉或碳氢化合物）的混合物。这种炸药不得含有硝化甘油或类似的液态有机硝酸盐。

### 8. 什么是D型爆破炸药？

D型爆破炸药是指这种是炸药是有机硝化物和可燃物（例如

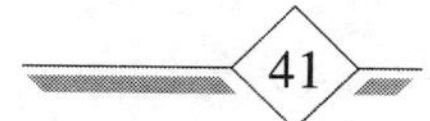

碳氢化合物、铝粉)的混合物。这种炸药不得含有硝化甘油或类似的液态有机硝酸盐、氯酸盐或硝酸铵。本名称一般包括塑性炸药。

### 9. 什么是E型爆破炸药?

E型爆破炸药是指这种炸药的主要成分是水,还有高比例的硝酸铵或其他氧化剂,其中有些或全部是溶液中。其他成分可包括硝基衍生物,例如三硝基甲苯,碳氢化合物或铝粉。本名称包括乳胶炸药;浆状炸药和水凝胶炸药。

### 10. 什么是点火器材?

点火器材主要用作引爆雷管或黑火药等炸药的点火材料,又称火具,为火工用品。例如,导火索、点火绳、点火棒等都是常见的点火器材。点火器材是用易燃的棉或麻线(纸),包缠黑火药或其他药芯而制成的线状或绳状物品。其外部涂有防潮剂——沥青或树脂。它的特点是对明火作用很敏感而且极易燃烧,燃速约为1cm/s。所以可用火柴等明火或拉火管点燃。由于燃速较慢且可根据长度控制燃烧时间,可用于某些爆破作业或弹药(手榴弹、地雷等)中作为定时或延期的构件。

点火器材受潮或水浸后不易点燃,甚至失效。

大量点火器材集中在一起,在一定条件下也能直接引起爆炸,所以点火器材仍属于爆炸品类。

### 11. 什么是起爆器材?

起爆器材是用作引起炸药爆炸的起爆工具,为火工品的一部分。主要用起爆药或起爆药和传爆药共同制成。

起爆器材可分为导爆索、雷管和火帽3种。

(1)导爆索。又称传爆线,是常用于同时起爆多个药包的起爆绳索。将棉或麻线（纸）包缠传爆药或其他烈性炸药构成的芯线，表面涂有防潮剂而制成。药芯可用泰安，或特屈儿和雷汞的混合物。

（2）雷管。雷管是装有起爆药的金属、纸质或塑料小管。因最初仅装有雷汞作起爆药，故称为雷管。根据装药情况可分为单式雷管和复式雷管两类。单式雷管仅装有起爆药。复式雷管除装有起爆药外，还装有传爆药。根据起爆方式可分为火雷管和电雷管两种，如图 2-1 和图 2-2 所示。火雷管一般用引火索引爆。电雷管则用通电发火而引爆。复式雷管是用一铜（铝、纸）质或塑料小管制成。管的底部装有传爆药，上部装有起爆药，起爆药上又装有金属制的加强帽，加强帽中央有一个小孔，为防止起爆药的撒漏，在加强帽内衬有绢片。电雷管则在火雷管的加强帽外再装填有引火药，在引火药内埋有电引火头并用脚线引出，脚线底部用防潮剂封死。

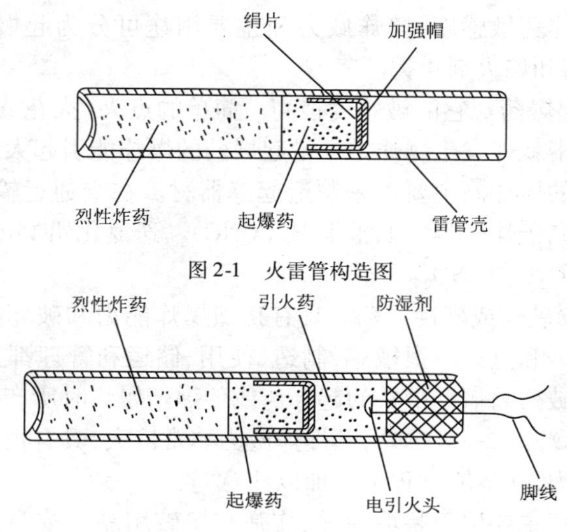


图 2-1 火雷管构造图



图 2-2 电雷管构造图

(3)火帽。火帽为内装起爆药的金属壳,能产生火焰以点燃发射药和雷管。可分为药筒火帽和引信火帽两种。药筒火帽由撞击而发火,以点燃药筒中的发射药。引信火帽在碰到障碍物时由冲击而引起发火,以点燃雷管并引起炸药的爆炸。

起爆器材因含有起爆药和传爆药,所以它的敏感度很高,对火焰、振动、摩擦、撞击等均很敏感。同时因起爆器材的爆炸还能引起周围其他爆炸品的爆炸。故在装卸、搬运、储存和管理中必须加倍注意。

### 12. 什么是炸药？炸药怎样分类？

能进行爆炸反应的爆炸物叫做炸药。主要是固态或液态物质。可以是单一的化合物(如三硝基甲苯、硝化甘油、迭氮化铅等),也可以是几种物质组成的混合物(如黑火药、铵油炸药、硝铵炸药等)。

根据炸药敏感度、爆炸威力和主要用途可分为起爆药、爆破药、发射药和焰火剂4类。

(1)起爆药。它的敏感度很高。简单的点火(火花或火焰)或轻微的撞击就能发生爆炸。少量起爆药的爆炸能引起大量爆破药或发射药的爆炸。主要用来制造起爆器材。在交通运输中,单独的起爆药属于炸药类。如雷汞 $Hg(ONC)_2$、迭氮化铅 $Pb(N_3)_2$、收敛酸铅 $PbO_2C_6H(NO_2)_3$ 等。

(2)爆破药或烈性炸药。具有猛烈爆炸能力和破坏能力的炸药。对撞击和点火不很敏感,制造、使用、储运和管理都比起爆药安全。爆破药需借助少量的起爆药或传爆药爆炸时所产生的爆波才能引起爆炸。一旦爆炸,其爆炸威力非常巨大,具有很大的杀伤力和破坏力,在运输过程中应加以注意。

爆破药主要用于装填炮弹、炸弹和爆破用品。按照烈性炸药爆炸威力的大小,又可分为高级炸药,中级炸药和低级炸药。根据爆破药的化学成分可分为爆炸化合物(单体炸药)和爆炸混合物(混合炸药)两类。爆炸化合物主要有硝基化合物和硝酸酯类。属于硝基化合物的如三硝基甲苯(T. N. T.) $C_6H_2 \cdot CH_3 \cdot (NO_2)_3$,环三次甲基三硝胺(黑索金、旋风炸药) $CH_2 \cdot N \cdot NO_2 \cdot CH_2 \cdot N \cdot NO_2 \cdot CH_2 \cdot N \cdot NO_2$,三硝苯甲硝胺(特屈儿) $(NO_2)_3 \cdot C_6H_2 \cdot N(CH_3)NO_2$,三硝基苯酚(苦味酸) $C_6H_2(OH)(NO_2)_3$ 等。属于硝酸酯类的如硝化甘油(甘油三硝酸酯) $C_3H_5(NO_3)_3$,四硝化戊四醇(泰安、膨梯儿、季戊四醇四硝酸酯) $C_5H_8(NO_3)_4$、硝化纤维素等。爆炸混合物如硝铵炸药(由硝酸铵和烈性炸药或某些易燃物质混合组成)、黑火药(由硝酸钾、硫磺和炭粉混合组成)、硝化甘油混合炸药(以硝化甘油为主的混合物)等。

(3)发射药和火药。发射药通常是指装在枪炮弹膛内用以发射弹头的炸药,用火花或火焰即可引燃,故又称为火药。发射药在正常条件下比较稳定,燃速或爆速比爆破药慢。根据火药燃烧时的性质,可分为有烟火药(如黑火药)和无烟火药(如硝酸纤维素)两类。火药主要用作发射药或引燃药(制造点火器材),个别的也可作爆破药。

(4)焰火剂。又称烟火剂。焰火剂主要供制各种焰火用。由氧化性物质、可燃物、黏合剂和发色剂混合组成。所用的氧化性物质有氯酸钾、硝酸钾、过氯酸钾、硝酸钠、氯酸钠等。所用的可燃物和黏合剂有木炭、淀粉、糖、明胶等。发色剂为各种元素的化合物。

### 13. 什么是爆炸性混合气体? 什么是爆炸极限?

爆炸性混合气体主要是指在空气中含有可燃性气体(如氢气、一氧化碳、甲烷、乙炔等)或蒸气(如汽油、酒精、苯、甲醛、乙醚等蒸气),在一定浓度范围内,遇到火花能使火焰蔓延而发生爆炸的混合气体。

可燃性气体或蒸气和空气混合遇火花是否一定会发生爆炸和

其在空气中的含量有关。当含量少时,能燃烧的物质有限,产生的热量不多,不足以引起爆炸。当含量多时,空气含量较少,不能充分燃烧,产生的热量也不多,也不足以引起爆炸。这种含量通常用浓度(可燃性气体或蒸气占整个混合气体体积的百分数)表示。混合气体能发生爆炸的最低浓度称低限(下限),最高浓度称高限(上限)。浓度低于下限或高于上限都不会发生爆炸。这个限度叫做爆炸极限。不同的物质具有不同的爆炸极限。例如:氢气的爆炸极限为4%(低限)和74.2%(高限),酒精蒸气的爆炸极限为3.28%~18.95%,一氧化碳的爆炸极限为12.5%~74.2%,乙醛的爆炸极限为4%~57%。

爆炸性混合气体不属于爆炸品,其爆炸威力也没有爆炸品大,它和压缩气体中的易燃气体以及易燃液体的关系更为直接。

### 14. 什么是推进剂?

推进剂是指用于产生推力或减少射弹阻力的爆燃性炸药。

### 15. 什么是液态推进剂?

液态推进剂是指这种物质是爆燃性液态炸药,用于产生推力或用于减少发射弹阻力。

### 16. 什么是固态推进剂?

固态推进剂是指这种物质是爆燃性固态炸药,用于产生推力或用于减少发射弹阻力。

### 17. 什么是粉尘爆炸?

粉尘爆炸和爆炸品的爆炸不一样,它是指易燃或可燃性固体粉末均匀地分散在空气中,当其浓度达到一定限度时,遇明火引起燃烧而产生的爆炸。易燃或可燃性固体粉末可以是危险货物中的易燃固体,如镁粉、铝粉、硫磺粉等,也可是非危险货物中的可燃性固体粉末,如煤粉、面粉、焦粉等。粉尘爆炸虽不象爆炸品爆炸的威力那样大,但也能造成一定的破坏和损失。在装卸和搬运上述可燃和易燃性固体时应注意,切勿造成粉尘飞扬,尤其应杜绝明火的产生。

粉尘爆炸也有爆炸极限,其爆炸极限中的浓度往往用每立方米或每升空气中含有易燃或可燃性粉尘若干 g 来表示。不同的粉尘有不同的爆炸极限。

## 18. 为什么爆炸品会引起爆炸?

爆炸性化合物中都含有不稳定性基团(如迭氮基—N = N ⇆ N、重氮基 $\underset{\underset{N}{\|}}{—N—}$ 、雷酸基—O—N ⇉C 等)。这些不稳定性基团容易分解变为稳定性的物质,例如雷酸基极易分解变成稳定性的氮气($N_2$)、一氧化碳(CO)或二氧化碳($CO_2$)。物质从不稳定变为稳定往往放出热量,同时生成简单的气态物质,这样就构成了爆炸的有利因素。这些能造成爆炸的不稳定性基团叫做爆炸性基团。显然爆炸性基团越不稳定,炸药的敏感度就越高。爆炸性基团的数目越多敏感度也越高。

爆炸性基团的存在以及爆炸性基团的多少只能说明炸药为什么会引起爆炸和炸药的敏感度为什么有高有低。至于爆炸威力的大小主要取决于炸药爆炸后所生成气体的多少和放出热量的多少。这就要求在炸药中除了含有爆炸性基团外还应含有能生成气态物质的元素——碳、氢等。从这一点出发含有爆炸性基团的有机化合物就十分优越,所以在炸药中有机化合物是非常多的。为了提高含有爆炸性基团的无机化合物的爆炸威力,往往将它们和可燃性物质或某些炸药混合在一起组成爆炸混合物——混合炸药。

在炸药分子中不稳定基团与其他基团间的相互影响，不稳定基团在空间的位置，晶体的形状，密度的大小，杂质的作用等都影响着炸药的敏感度和爆炸威力。

炸药是引起爆炸的内在因素，但炸药只有在受热、振动、撞击、引爆等外界提供的条件作用下。

## 19. 为什么迭氮化合物容易分解爆炸?

凡分子中含有迭氮基($—N=N \leftrightarrows N$ 或$—N_3$)的化合物叫做迭氮化合物。

迭氮基是一个不稳定性基团，所以迭氮化合物性质很不稳定，一旦受热、撞击或猛烈触及金属均能迅速分解，放出大量气体和热量并引起爆炸。它们的分解爆炸反应可用下列方程式表示：

$$2NaN_3 = 2Na + 3N_2\uparrow + \text{热量}$$

$$Mg(N_3)_2 = Mg + 3N_2\uparrow + \text{热量}$$

$$Pb(N_3)_2 = Pb + 3N_2\uparrow + \text{热量}$$

$$2HN_3 = H_2 + 3N_2\uparrow + \text{热量}$$

所有迭氮化合物爆炸反应都有较强的敏感度，尤其是重金属迭氮化合物的敏感度更高，所以重金属迭氮化合物(如迭氮铅等)是一种较好的起爆药，其他也都是爆炸性药品。

另外，大多数迭氮化合物都有毒性，包装要求严密。迭氮化合物若在空气中爆炸往往产生有毒的一氧化二氮或一氧化氮气体。

在运输过程中应加强管理。装卸、搬运此类爆炸品时必须轻拿轻放，严禁撞击、摩擦、滚动、剧热振动和受热源、火源的作用，并采取适当的防毒措施。

## 20. 什么是雷汞?

雷汞 $Hg(ONC)_2$ 又称雷酸汞。为灰色或白色结晶性粉末。

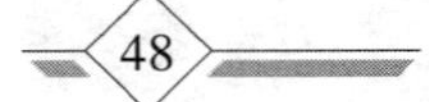

因含有不稳定性雷酸根(—O—N$\equiv$C)基团,又是重金属(汞又称水银为重金属元素)盐类,极易分解,干雷汞稍经摩擦或振动就会发生爆炸。爆炸威力和敏感度都很大,常用作起爆药,可以单独或与烈性炸药、氯酸钾、硫化锑等混合使用。雷汞的爆炸反应如下:

$$Hg(ONC)_2 = Hg + 2CO\uparrow + N_2\uparrow + \text{热量}$$

雷汞受潮后敏感度减小甚至失效。

## 21. 为什么重氮盐容易分解爆炸?

含有重氮基( $\underset{\underset{N}{\|}}{—N—}$ 或 $=N\equiv N$ )的有机化合物叫做重氮化合物或重氮盐。

重氮基( $=N\equiv N$ )和迭氮基结构相似,也是不稳定性基团,容易分解,受热或受振动能发生爆炸。其爆炸反应为:

$$\underset{\text{重氮甲烷}}{2CH_2N_2} = \underset{\text{乙烯}}{C_2H_4}\uparrow + \underset{\text{氮气}}{2N_2}\uparrow + \text{热量}$$

$$\underset{\text{氯化重氮苯}}{C_6H_5N_2Cl} = \underset{\text{氯苯}}{C_6H_5Cl} + \underset{\text{氮气}}{N_2}\uparrow + \text{热量}$$

重氮化合物的水溶液比较稳定,没有危险。

重氮化合物是化学工业上的重要原料,主要用作生产染料、颜料、某些药品和药物。重氮甲烷是其中最简单也是最重要的化合物之一,常温下为淡黄色有毒气体,容易液化。液体重氮甲烷沸点为-24℃,极易爆炸。重氮甲烷易溶于乙醚,其乙醚溶液比较稳定。重氮甲烷属于爆炸性药品。

## 22. 什么是硝基化合物?哪些硝基化合物容易引起爆炸?

硝基又称硝酰基(—$NO_2$),是由硝酸分子(HO—$NO_2$)脱去一个羟基(—OH)后剩余的原子基团。烃及其衍生物分子中的一个或几个氢原子被硝基取代后所形成的化合物叫做硝基化合物。烃

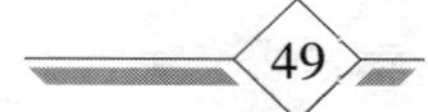

及其衍生物和硝酸(或硝酸和硫酸的混合酸)作用生成硝基化合物的反应叫做硝化反应,烃的衍生物和硝酸作用生成酯的反应叫做酯化反应。

根据硝基化合物中烃基不同,可以分为脂肪族硝基化合物和芳香族硝基化合物。芳香族硝基化合物分子中都含有苯环 ⌬ 。根据分子中硝基的数目,又可以分为一硝基化合物和多硝基化合物。在爆炸品中属于硝基化合物的多为芳香族多硝基化合物。例如

$C_6H_3(NO_2)_3$ 三硝基苯

$C_6H_2 \cdot CH_3(NO_2)_3$ 三硝基甲苯(梯恩梯)

$C_6H_2 \cdot OH(NO_2)_3$ 三硝基苯酚(苦味酸)

芳香族多硝基化合物引起爆炸的原因主要是其分子中含有不稳定的硝基。随着硝基数目的增加,不稳定因素也增加。硝基的存在,也促使硝基化合物中其他部分的活泼性大为增加。因而芳香族硝基化合物很容易分解。另外,由于硝基的引入给化合物分子中增加了氧的成分,硝基越多氧占的比例越大,在分解时产生的气体和热量也越多,爆炸时的威力也就越大。例如:

$$2C_6H_2 \cdot CH_3(NO_2)_3 = 12CO\uparrow + 3N_2\uparrow + 2CH_4\uparrow + H_2\uparrow + \text{热量}$$

$$2C_6H_2 \cdot OH(NO_2)_3 = 12CO\uparrow + 3N_2\uparrow + 2H_2O\uparrow + H_2\uparrow + \text{热量}$$

硝基化合物的爆炸威力固然和硝基数目的多少有关。但在硝基化合物中含有较多的氮成分也会提高它的爆炸威力。

某些芳香族多硝基化合物的金属盐也具有爆炸性。例如,苦味酸钠、苦味酸铵、三硝基苯磺酸铵等。

### 23. 什么是硝化甘油？什么是硝化甘油混合炸药？运输时应注意什么？

硝化甘油又称甘油三硝酸酯 $C_3H_5(NO_3)_3$。由甘油（丙三醇）和硝酸-硫酸混合酸酯化而成。

$$\underset{\text{甘油}}{C_3H_5(OH)_3} + \underset{\text{硝酸}}{3HNO_3} \xlongequal{H_2SO_4} \underset{\text{硝化甘油}}{C_3H_5(NO_3)_3} + 3H_2O$$

为无色或淡黄色黏稠液体，相对密度 1.59，凝固点：稳定式的为 13℃，不稳定式的为 2℃，低温时易冻结。因含有较多的硝酸根（—O—$NO_2$），性质不稳定，易分解。分解温度为 50～60℃，有可燃性和爆炸性，爆炸温度为 260℃，爆炸反应式为：

$$4C_3H_5(NO_3)_3 \xlongequal{\quad} 12CO_2\uparrow + 10H_2O\uparrow + 6N_2\uparrow + O_2\uparrow + \text{热量}$$

从安全角度出发，硝化甘油在低温季节（15℃以下）不宜运输。

液体硝化甘油的敏感度很高，晶体的敏感度更高，使用和运输都不易保证安全。为了降低其敏感度并使之不易冻结，常在液体硝化甘油中掺入一些吸收剂——如硝化棉、硝酸盐、木屑等，制成各种各样的硝化甘油混合炸药（总称代拿买特）。如，炸胶（含硝化甘油 92%～93% 其余为硝化棉），胶质炸药（由炸胶与硝酸盐、木屑混合制成）等。

硝化甘油混合炸药和硝化甘油比较，前者对撞击和振动较不敏感，较不易冻结，储运和使用都较安全。硝化甘油混合炸药中的硝化甘油成分一旦冻结后，它的敏感度会大幅度的提高，所以在储存管理硝化甘油混合炸药时要注意防冻。同时，当气温低于 10℃（耐冻的低于 −20℃）时不能运输。

### 24. 什么是硝化纤维素（硝化棉）？为什么含氮量在 12.5% 以上的硝化棉属于爆炸品？

硝化纤维素是由纤维素和硝酸－硫酸混合酸经酯化反应而制

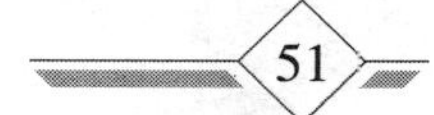

成的。

纤维素是一种天然的有机高分子化合物，存在于一切植物体内。例如，棉花几乎是纯净的纤维素、木材内也含有50%左右的纤维素等。纤维素的分子量非常大（超过1000故称为高分子），基本上是由碳C、氢H、氧O三种元素组成的。每个纤维素分子都可以看作是由几百个至几万个$C_6H_{10}O_5$结构单位互相连接而构成的，所以纤维素的分子式可以用$(C_6H_{10}O_5)_n$表示。纤维素分子内每个结构单位里都含有3个羟基（—O—H），所以它可以和硝酸进行酯化反应。

硝酸纤维素的分子式可用$[C_6H_7O_2(NO_3)_3]_n$表示。

在纤维素分子中，由于不稳定的硝酸根的引入，使其化学活泼性大为提高。硝酸纤维素不仅容易燃烧而且容易分解，随着温度的升高，分解加速，超过40℃时，甚至会发生自燃。随着含氮量的增加，不稳定性增长，敏感度提高，在受热、摩擦、撞击等条件下可以引起爆炸。

硝酸纤维素内含氮量不超过12.5%时只能引起自燃、分解，不会发生爆炸。当含氮量超过12.5%时有爆炸性危险。所以，含氮量在12.5%以下的硝酸纤维素及其制品属于易燃固体；含氮量在12.5%以上的属于爆炸品。为了防止硝酸纤维素的自燃，属于爆炸品的硝酸纤维素中所含水分不得少于32%；属于易燃固体的应加适当量的润湿剂。

由于硝酸纤维素有爆炸性和自燃性，在储运工作中，除了采取妥善的防爆措施外，尚应注意防晒，保持空气一定的湿度并做好通风散热工作，以防引起自燃。

### 25. 为什么高氯酸容易分解爆炸？

高氯酸$HClO_4$是一种无色而又极易吸潮的液体，暴露在空气中因吸收水分和挥发而强烈发烟，相对密度1.768，溶点-112℃。

高氯酸的酸性、氧化性和腐蚀性都是很突出的，能和多种金属作用；和可燃物——如炭、纸、木屑等接触能引起燃烧甚至发生爆炸；能腐蚀有机物质，溅于皮肤上能引起疼痛烧伤。

高氯酸受热、振动时极易分解，92℃就能引起爆炸。分解后生成二氧化氯、水和氧等气体并放出热量。二氧化氯 $ClO_2$（红黄色气体）不稳定，能继续分解爆炸生成一氧化二氯（黄红色气体）和氧气。一氧化二氯 $Cl_2O$ 仍不稳定，分解爆炸后生成氯（黄绿色气体）和氧气。

$$4HClO_4 = 4ClO_2\uparrow + 2H_2O\uparrow + 3O_2\uparrow + \text{热量}$$

$$4ClO_2 = 2Cl_2O\uparrow + 3O_2\uparrow + \text{热量}$$

$$2Cl_2O = 2Cl_2\uparrow + O_2\uparrow + \text{热量}$$

因此，高氯酸是一个很不稳定的含氧酸。

高氯酸的不稳定性决定它具有爆炸性和强氧化性。

高氯酸的不稳定性和其浓度有关，浓度越大，不稳定性越突出。当高氯酸溶液浓度低于60%时加热并不分解，浓度在60%～72%时加热虽可分解，但不会爆炸。浓度超过72%时就会有爆炸性危险。氧化性也是这样，高氯酸的浓热溶液是强氧化性物质，与易燃物相遇易发生猛烈爆炸，但冷的稀酸没有明显的氧化性。

高氯酸溶液的浓度超过72%的，属于爆炸性药品。浓度不超过72%的可按无机酸性腐蚀性物质运输。

### 26. 黑火药是怎样配制成的？为什么黑火药可引起爆炸？

黑火药又名黑色火药或黑药。是含有硝酸钾或硝酸钠的火药的总称。

黑火药用途广、用量大，是一种混合炸药，基本上由氧化性物质和可燃性物质混合组成。黑火药中的氧化性物质为硝酸钾或硝酸钠。可燃性物质为硫磺和木炭粉。硝酸钾又称硝石或钾硝石，不纯的叫火硝或土硝，为白色或灰色固体，受热易分解并放出氧气，能供给可燃性物质燃烧时所需要的氧以激发其氧化并生成大量气体和热量从而引起爆炸。硫磺和炭粉都是比较容易燃烧的物质，有还原性，它们受到氧的强烈作用能生成大量的气体和热量，从而引起爆炸。硫磺可促使硝酸钾分解放出更多的氧，爆炸反应更容易进行。黑火药的爆炸反应可用下列方程式表示：

$$2KNO_3 + S + 3C = K_2S + N_2\uparrow + 3CO_2\uparrow + \text{热量}$$

黑火药可以作引火药、发射药，也可以作爆破药。

黑火药的爆炸威力较小，爆炸时的反应不完全，往往有剩余的炭粉存在，所以爆炸时会出现很大的黑烟，故此得名为黑火药。

## 27. 什么是硝铵炸药?

硝铵炸药是由硝酸铵和烈性炸药（如梯恩梯、硝化甘油等），或某些易燃物质（如炭粉、松脂、石蜡、木屑等）混合而成的一种炸药。

硝酸铵 $NH_4NO_3$ 是无色或白色的固体。由于含氮量高（32%～35%）又溶解于水，在农业上用作化肥，简称硝铵。硝酸铵还是一种较好的氧化性物质，160℃就可以分解，210℃分解为水和一氧化二氮（笑气），超过 320℃分解为水、氮和氧等气体。

$$5NH_4NO_3 \xlongequal{160℃} 9H_2O + 4N_2 + 2HNO_3$$

$$NH_4NO_3 \xlongequal{210℃} 2H_2O + N_2O$$

$$2NH_4NO_3 \xlongequal{>320℃} 4H_2O + 2N_2 + O_2$$

如受高热或受猛烈的撞击会引起爆炸。铜、铝、铅、锌、硫等可以促使硝酸铵加速分解并引起爆炸和燃烧。硝酸铵易潮解结块，结块的硝酸铵粉碎应避免使用铁制工具猛力敲击。结块的硝酸铵不能充分分解，爆炸威力较小。含水量超过 3% 时也会失去爆炸能力。

硝酸铵和烈性炸药混合组成的硝铵炸药是一种威力大而又比

较安全的炸药,故有安全炸药(爆炸时的威力较大,但所产生的热量较少不能引起可燃气体或粉尘爆炸)之称。硝铵炸药主要用于矿山爆破工程。由于销铵炸药中含有硝铵容易受潮,不可长期保存,在运输中,应注意防潮并及时运送。

## 28. 什么是氯酸钾炸药?

以氯酸钾或氯酸钠作为氧化性物质和可燃性物质——如硫磺、松香、雄黄等组成的混合炸药叫做氯酸盐炸药或氯酸钾炸药俗称白药。

氯酸钾 $KClO_3$ 为白色固体,味咸、有毒。和硝酸钾比较,氯酸钾具有更大的氧化性,更容易分解,而且可以分解出更多的氧。

$$2KNO_3 = 2KNO_2 + O_2 \uparrow$$

$$2KClO_3 = 2KCl + 3O_2 \uparrow$$

因此,氯酸钾和可燃性物质——松香、硫磺、赤磷、铝粉、炭粉等混合后可以组成比黑火药更敏感、威力更大的混合炸药。黑火药一般需要引火后才能爆炸。氯酸钾炸药经研磨、撞击、摩擦就会引起爆炸。所以氯酸钾炸药具有更大的危险性。

## 29. 什么是液氧炸药?

液氧炸药是由液态氧和固体可燃性吸收剂组成的混合炸药。常用的吸收剂有颗粒状的炭黑、灯烟、纸粕、木屑、金属粉末等。使用前将吸收剂用液态氧浸透,放置在需要爆破的地方,用雷管或导火索引爆即可。已浸取液氧的吸收剂,由于温度很低在常温时不断吸收外热而使液氧迅速挥发而损失,减少到一定限度后也不会爆炸。在储存和运输时可不按爆炸品对待。

## 30. 在真空状态下,爆炸品能发生爆炸吗?

爆炸品的爆炸主要是爆炸品中炸药的爆炸。炸药分为爆炸性

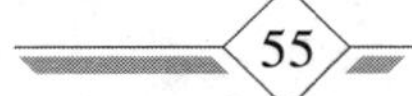

化合物和爆炸性混合物两类。

爆炸性化合物分子内含有易氧化而未氧化的原子和易还原而未还原的原子。因而在一定的外界条件下发生自身氧化-还原反应,使化合物分子内各原子重新排布组合成新的分子,这样就出现了爆炸。

爆炸性混合物是由氧化性物质和可燃物混合组成的。它们的爆炸反应是通过氧化性物质的氧化性和可燃物的还原性完成的氧化-还原反应。

因此,无论爆炸性化合物还是爆炸性混合物进行爆炸反应都不需要外界提供氧气。因此,在无空气的情况下,只要外界提供一定的条件——受热、撞击、摩擦、引爆等,爆炸品同样会发生爆炸。

### 31. 为什么爆炸品的爆炸能产生巨大的破坏力?

爆炸反应的特点主要是:速度极快,瞬间会产生大量的气体和热量。热量一时散发不出去,将使爆炸中心的温度急速上升而出现高温。大量气体加上高温的影响,将使爆炸中心的气体产生巨大的压力。这种巨大的压力使气体迅速向四周扩散,结果会产生高速高压的气浪,从而形成冲击波。气浪和冲击波强烈地冲击周围的物体,以致造成非常大的机械破坏作用。另一方面,如果爆炸的同时还产生有毒有害的气体,以及爆炸处的周围存在着可燃物时,还能引起毒害和火灾,这就加大了爆炸的破坏作用。

不同性质的爆炸品爆炸时所造成的破坏有大有小。一般情况是:爆速越快,爆炸时所产生的气体和热量越多,爆炸品的量越多爆炸威力就会越大,破坏力也就越大。

### 32. 为什么爆炸品的爆炸容易引起火灾?

爆炸品爆炸是一种极其剧烈的化学反应,同时产生大量的气体和热量。由于反应时间非常短暂,产生的热量非常多,一时又不能散发,致使温度急剧升高。在爆炸的瞬间中心点的温度能升高到1500~4500℃,这样高的温度传递到周围空间也有几百度。一般可燃物的着火点均在摄氏几十度至几百度之间,因而爆炸品爆炸时所产生的温度足以使周围的可燃物引起燃烧。这就是爆炸品的爆炸容易引起火灾的原因。为此,在处理爆炸事故时应做好灭火的准备,以避免事故的扩大。

### 33. 爆炸品爆炸会引起中毒吗?

爆炸品不属于毒性物质,并不是说爆炸品都没有毒性,有些炸药及爆炸性药品中不同程度地具有毒性甚至剧毒。

爆炸品爆炸是一个极其剧烈的氧化-还原反应,反应后生成许多气态的新物质和大量的热量,使爆炸场所的温度甚高。

因此,由爆炸引起的中毒有以下几点:

①由于爆炸使部分未反应的有毒的爆炸品弥散在空中,人畜吸入后引起中毒;

②由于高温和气体的膨胀造成空间的暂时缺氧现象,使人畜因缺氧而中毒;

③爆炸生成物中含有窒息性气体,如二氧化碳、氮气等,使人畜窒息而中毒;

④爆炸生成物中往往含有毒害性气体,如一氧化碳、一氧化二氮、一氧化氮、二氧化氮等,易使人畜直接吸入而中毒。因此,在爆炸品爆炸场所进行施救工作时,应特别注意,以免出现中毒现象。

### 34. 爆炸品的爆炸性与其含水量有何关系?

加热含有水分的可燃物时,较多的热量被水吸收致使温度不能迅速升高,达不到可燃物的燃点就不能燃烧。只有当水分蒸发到一定程度后,温度上升到可燃物的燃点以上才能引起燃烧。所以含水分多的可燃物其可燃性差。

爆炸品的爆炸性与其含水量的关系和可燃物的可燃性与其含水量的关系相似。爆炸品因含有较多的水分，引爆时所吸收的能量部分被水消耗，致使温度不能达到其爆发点，故不能引起爆炸。另外，爆炸品分子内的不稳定性基团在水的影响下可以提高它的稳定性，从而降低了爆炸品的敏感度。由此可见，随着爆炸品含水量的增加，可以使爆炸品越来越稳定，越来越不容易爆炸。也可说水是爆炸品的一种"稳定剂"。

虽然水对爆炸品能起稳定作用，但能否采用提高含水量的方法来保证安全运输需要作具体的分析。如果使用部门应用的是爆炸性，就不能增加水分，增加水分会影响使用。如果使用部门应用的不是爆炸性，可商得同意后再作处理。

## 35. 有的爆炸性药品为什么禁用金属容器盛装？

炸药及爆炸性药品特点就是容易发生爆炸反应。进行爆炸反应需要一定的条件，如受热、火花、引爆、撞击、摩擦等，这些外界条件可以归纳为热作用和机械作用两种。少数炸药只对热作用敏感。多数炸药对热作用和机械作用都敏感，尤其是对机械作用敏感。炸药和金属接触可以提高炸药对机械作用的敏感度。例如普通火柴头用纸包起来进行敲击一般不会爆炸，如果用金属箔包起来再敲击就很容易爆炸。由此可见，炸药及爆炸性药品除少数对机械作用不敏感的可用金属容器包装外，一般不宜用金属容器包装。

有些炸药能和金属进行化学反应，反应后往往生成稳定性更差、敏感度更高的物质，这就更容易引起爆炸，甚至在变化过程中就发生爆炸。例如，三硝基苯酚（苦味酸）和重金属能进行化学反应：

$$\underset{\text{苦味酸}}{2C_6H_2(NO_2)_3OH} + \underset{\text{铅}}{Pb} = \underset{\text{苦味酸铅}}{[C_6H_2(NO_2)_3O]_2Pb} + H_2\uparrow$$

所生成的苦味酸盐,都比苦味酸容易分解爆炸。

**36. 承运爆炸品的车辆,为什么不得残留酸、碱及油脂类物质?**

酸和碱,尤其是强酸和强碱的化学性质非常活泼。能和多种物质进行化学反应。爆炸品中许多物质(包括其制成品的外壳)都能和酸、碱进行化学反应。例如,三硝基苯甲醚遇酸能反应生成三硝基苯酚,三硝基苯酚遇碱能反应生成苦味酸盐。每一步反应后都生成稳定性更差的爆炸性物质。

油脂是一种容易燃烧的有机物。油脂在氧的剧烈作用下会出现燃烧现象,在氧的缓慢作用下,虽不出现燃烧现象但同样可以放出热量。爆炸品都具有一定的氧化性。因此,当爆炸品和油脂接触,在缓慢氧化作用下所产生的热量到一定程度时将引起爆炸。

**37. 装运爆炸品及氯酸钾、氯酸钠和铁桶包装的一级易燃液体,为什么不得使用全铁底板棚车?**

在装卸、运输过程中,全铁底板车辆往往会发生以下情况:

①经摩擦、撞击,特别是铁与铁之间的碰撞作用下,容易产生高温和冒出火星;

②铁面平整光滑,摩擦力小,作业不稳时,容易造成货物的坠落和倒塌,危及货物运输安全;

③车内温度变化大,特别在受热或日光照晒时,温度有时可高达摄氏几十度,容易加速危险物品的分解和燃烧。

爆炸品及氯酸钾、氯酸钠和一级易燃液体都是性质较活泼,危险性较大,容易发生爆炸和燃烧的物品。对高温、明火(火星)、摩擦、撞击均有较大敏感性。在运输爆炸品及氯酸钾、氯酸钠和铁桶包装的一级易燃液体时,不得使用全铁底板车辆。

## 38. 为什么起爆器材和炸药堆码不得过高？

爆炸品堆放过高，不仅给装卸、搬运作业带来很多困难，而且容易造成货物倒塌和跌落。对于爆炸品，摔碰、倒塌和跌落意味着冲击和振动，这就有使爆炸品发生爆炸的可能。

起爆器材和炸药的装载高度以不超过 1.8m 为宜。因为 1.8m 通常为一个人的安全操作高度。装载高度还应视货物性质，包装种类和质量，装载方法，堆放位置，运输工具等的不同而有所区别。

## 39. 盛装爆炸品木箱用的铁钉，为什么不宜过长？

盛装爆炸品包装木箱的铁钉长度，应根据包装箱板的厚度而定，千万不可过长。

用铁钉装钉木箱，特别是当铁钉通过木板的时候，由于铁钉和木板间的急剧摩擦作用，可以使铁钉的温度很快上升。此时，荷热的铁钉一旦钉歪触及箱内的炸药或爆炸性药品时就有引起爆炸的危险。另外，有些炸药及爆炸性药品对金属敏感，当触及铁钉后其危险性就更大。为了避免盛装包装爆炸品的木箱所用的铁钉过长，装钉时铁钉应放正，不可歪斜，最好选用新的钉子。

## 40. 怎样收集撒漏的炸药及爆炸性药品？

在运输过程中，遇有撒漏的炸药及爆炸性药品时应及时收集和处理。其方法是先用水润湿，撒上潮湿的锯末或其他松软物质，并用柔质扫帚轻轻地将撒漏的炸药及爆炸性药品分片收拢，再用木质簸箕收集存放在木箱内，然后会同公安部门处理。撒漏地点应用清水多次冲洗干净。

用水润湿的目的是降低炸药及爆炸性药品的敏感度，提高它们的稳定性，以减少其危险。使用柔质扫帚，木质簸箕及撒上潮湿的锯末或其他松软物质进行收集的目的是避免在收集过程中因摩擦、撞击而引起燃烧和爆炸危险。切勿使用铁制或其他硬质工具进行收集,否则会因剧烈的撞击和摩擦产生火星而引起燃烧和爆炸。

收集撒漏的炸药及爆炸性药品时,动作要轻,注意力要集中,尤其是当混有砂石、玻璃碎块等硬度大的杂质时更应注意。

### 41. 爆炸品发生危险时,为什么严禁用砂土盖压?其扑救方法是什么?

爆炸品发生危险,一般是指爆炸品的包装材料及其周围物品发生火灾直接威胁到爆炸品的安全。

爆炸品发生危险时,只能尽快地将爆炸品转移到安全地带,并尽快地扑救火灾。扑救时,只能用大量冷水降温的方式,禁止用泥砂等物压盖。扑救人员应带防毒面具。

爆炸品发生危险时,不能用压盖泥砂的方法进行灭火,因为采用泥砂压盖进行灭火,一旦爆炸品发生爆炸,所产生的高速气浪将带动周围压盖的泥砂以极大的速度向四周飞溅。这样就加大了爆炸品的爆炸威力和破坏能力,将造成更大的危害和损失。采用大量冷水降温灭火,即便发生爆炸品的爆炸也不会增加危害。同时大量冷水的喷入,降温效果显著,使火灾能尽快地扑救下去。虽然泡沫和二氧化碳等灭火器材也能使用,但由于用量少,效果不如大量冷水那样显著,只适用于小范围的扑救工作。

### 42. 爆炸品主要有哪些危险性?

爆炸品的危险性主要有以下几个方面:

(1)爆炸破坏性

爆炸品一旦发生爆炸,将产生高速的气浪和非常大的冲击波,对周围建筑物及其他物资的毁坏作用甚大;

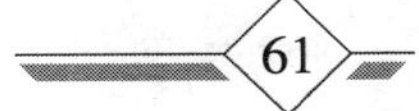

(2)毒害性

许多炸药及爆炸性药品有毒或剧毒。爆炸品爆炸时,通常都会产生大量的一氧化碳、二氧化碳、氮气、一氧化二氮、一氧化氮、二氧化氮或二氧化硫等窒息性和有毒性的气体;

(3)燃烧性

爆炸品爆炸时能够放出大量的热量,使气温急剧升高,很容易使周围可燃物质引起燃烧,造成火灾。

### 43. 危及爆炸品安全的主要因素有哪些? 应采取哪些措施保证运输安全?

危及爆炸品安全的主要因素有:热作用(受热、高温、明火等)、机械作用(摩擦、振动、撞击等)和激发作用(引爆和其他物质的激发等)三个方面。

(1)热作用

热作用主要来源于热源、火源和电源。日光的照射、炉火、烟火,汽车燃料燃烧时喷出的火星,制动时因摩擦而产生的热和火花,金属敲击或碰撞产生的火星,照明用电灯开关和灯头的冒火,蓄电池的短路和打火均属此类。

应该采取的措施有:

①车、库应隔绝热源和火源,照明应采取防爆装置。温度在40℃以上时,要采取通风和空调措施。敏感性较强的爆炸品避免日光直晒;

②存放爆炸品的库房地面不能过硬,装载车辆禁止使用全铁底板车辆;

③装卸作业及管理人员应穿软底鞋(不能有铁钉)。作业时开关车门、库门不得使用金属工具猛力敲打,必须使用时应有非金属物品(如橡胶、木板等)衬垫;

④装卸机械(如电瓶车等)应有防火装置,进库进场汽车应罩

防火罩。

(2)机械作用

由于堆码不当造成的倒塌,装卸作业中的摔碰,车辆运行时的剧烈振动和货物的滑动、倒塌等是造成机械作用主要原因。

应采取的措施有:

①单位包装量不宜过重,一般不超过50kg,对机械作用敏感的物品应在30kg左右。机械装卸作业时应按规定的负荷量降低25%;

②装载高度不宜过高,起爆器材和炸药的装载高度不得超过1.8m。装载应紧密牢固,防止滑动和倒塌;

③装卸搬运应轻拿轻放,不能摔碰、拖拉、翻滚和碰撞;

(3)激发作用

①储运爆炸品的车、库必须保持干净,不得残留酸、碱及油脂等物质;

②严格爆炸品的配装条件;

③设立爆炸品专用库。

## 44. 为什么点火器材、起爆器材、炸药及爆炸性药品相互不得配装?

点火器材和起爆器材如混装在一起,一旦某一方面发生危险,相互影响和作用将造成更大的危害。所以,二者相互不得配装,而且装载点火器材和起爆器材的车辆编组时应有一定的隔离。

炸药及爆炸性药品一般不十分敏感,但爆炸威力很大,在点火器材或起爆器材的激发或引爆下能发生猛烈的爆炸。所以,点火器材和炸药及爆炸性药品之间,起爆器材和炸药及爆炸性药品之间不得配装。

另外,不同种类和品名的炸药在性质上也不相同(有的呈酸性,有的呈碱性),它们相互之间亦可能发生某些化学变化,也会引起爆炸。所以,不同名称的炸药及爆炸性药品相互间不得配装。

# 第三章　气　　体

## 1. 什么是气体?

气体是物质的一种聚集状态,又称气态。它和液态(体)、固态(体)合称物质的3种聚集状态。

分子在聚集成物体时,由于分子和分子间距离和作用力的大小不同分为气体、液体和固体。在气体中分子间的距离大,作用力最小,分子可以在任意范围内运动,所以气体有流动性,压缩性,没有一定的形状(和容器的形状一样),没有一定的体积(可以占有任意空间,和容器的体积相同)。

物质的3种状态是可以相互转变的。即:

$$固态 \rightleftharpoons 液态 \rightleftharpoons 气态$$

物质所处的状态和温度、压力有关。例如,水在1大气压时,100℃以上为气态,100℃以下为液态;在4.7大气压时,150℃以上为气态,150℃以下为液态等。某压力下,液态和气态相互转变时的温度叫该物质在该压力下的沸点。例如,水的沸点在1大气压时为100℃,4.7大气压时为150℃等。在1个大气压情况下,凡沸点低于室温的在室温时都是气态,沸点高于室温的在室温时都是液体。这就给我们判断一个物质在正常情况(1个大气压、室温)下是否为气态带来了方便。

## 2. 什么是压缩气体? 什么是液化气体?

气体都具有压缩性,因而任何气体都可以压缩。例如,我们用气筒往自行车胎内打气,实际上就是把空气压进车胎里,车胎内的

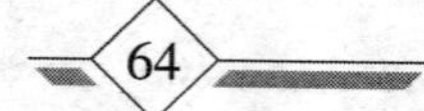

空气具有较大的压力,这种状态。处于压缩状态的气体叫做压缩气体。这种压缩气体在受热、撞击等情况下容易引起爆炸,因此,压缩气体具有一定的危险性。

如果对压缩气体断续施加压力并降低温度,压缩气体就会转化为液体。气体转化为液体的过程叫做液化。经加压、降温液化为液体的气体叫做液化气体。液化气体已不再是气体而处于液体状态。和压缩气体比较液化气体具有更大的压力和较低的温度,所以液化气体的危险性更大,在储运过程中更应加强防护措施。

### 3. 什么是临界温度? 什么是临界压力?

气体只有将温度降低到一定程度时施加压力才能液化。若温度超过此值,无论施加多大的压力都不能液化。这个加压使气体液化时所允许的最高温度叫做临界温度。不同的物质,其临界温度也不相同。

气体在临界温度时,尚需施加压力才能液化,否则仍为气体。在临界温度时使气体液化所需要的最小压力叫做临界压力。各物质的临界压力各不相同。

常见气体的临界温度和临界压力,见表 3-1 所示。

**常见气体的临界温度和临界压力**　　表 3-1

| 气体名称 | 临界温度(℃) | 临界压力(大气压) | 气体名称 | 临界温度(℃) | 临界压力(大气压) |
|---|---|---|---|---|---|
| 氦气　He | -267.9 | 2.3 | 乙烯气　$C_2H_4$ | 9.7 | 50.7 |
| 氢气　$H_2$ | -239.9 | 12.8 | 二氧化碳气 $CO_2$ | 31.0 | 72.9 |
| 氖气　Ne | -228.7 | 25.9 | 乙烷气 $C_2H_6$ | 32.1 | 48.8 |
| 氮气　$N_2$ | -147.1 | 33.5 | 氨气 $NH_3$ | 132.4 | 111.3 |
| 一氧化碳气 CO | -138.7 | 34.6 | 氯气 $Cl_2$ | 143.9 | 76.1 |
| 氧气　$O_2$ | -118.8 | 49.7 | 二氧化硫气 $SO_2$ | 157.2 | 77.7 |
| 甲烷气　$CH_4$ | -82.1 | 46.3 | 三氧化硫气 $SO_3$ | 218.3 | 83.8 |

临界温度和临界压力是了解气体液化的两个重要数据。

①当温度在临界温度以上时,无论施加多大压力都不能使气体液体,只能是压缩。当温度在临界温度以下时,气体才有可能液化。

②在临界温度时,只需施加比临界压力略大的压力,就可以使气体液化,压力过大只能浪费动力、损坏机件和产生危险。

③当温度在临界温度以下时使气体液化所需的压力小于临界压力。

④通常使用和储运压缩气体和液化气体都在常温下进行,因而临界温度低于常温的为压缩气体,临界温度高于常温的大多数是液化气体。

⑤临界温度高的容易液化,压力一般不超过50大气压。临界温度低的(低于常温)不容易液化,为了能在钢瓶内多储存气体,如氧气瓶充灌氧气一般需要施加150大气压。因而对临界温度很低的压缩气体在安全防护方面应多加注意。

### 4. 为什么要将气体压缩和液化?

在正常情况下(1个大气压、室温),气体是一种十分疏散的物质,气体内各分子间的距离相当大,少量的气体往往占据着很大的体积。在标准情况下(1个大气压,0℃),1kg氨约占1317.6L的体积;1kg氯气约占315.3L的体积。如此庞大的体积既不能适合生产的需要也不便于运输。所以必须将气体压缩和液化以减少它们的体积。如在临界状态下(临界温度、临界压力)1kg液氨的体积为4.25L;1kg液氯的体积为1.75L;1kg液氧为2.33L。为此,压缩气体和液化气体无论在使用或储运上都很方便。

### 5. 什么是压力容器?盛装压缩气体和液化气体的容器是什么?

压力容器是指盛装气体或者液体,承载一定压力的密闭设备,

其范围规定为最高工作压力大于或者等于0.1MPa，且压力与容积的乘积大于或者等于2.5MPa·L的气体或者液化气体和最高工作温度高于或者等于标准沸点的液体的固定式容器和移动式容器。盛装压缩气体和液化气体的容器叫做气瓶或钢瓶。

气瓶是一种耐压的容器，瓶内要灌入高压的压缩气体或液化气体，因此对气瓶的质量要求十分严格。气瓶一般用无缝合金或碳素钢管制成圆柱形容器，壁厚5～8cm，容量12～55L不等。气瓶多为平底，底部加装钢质方形底座，便于竖立。瓶口的内壁和外壁均有螺纹，内壁螺纹用以装设启闭气门（气瓶开关阀），外壁螺纹用以装设瓶帽。启闭气门的材料必须根据气瓶装灌的气体性质选用。气门侧面接头的连接螺纹，用于可燃性气体的应为左旋（反扣），非可燃性气体的应为右旋（正扣），目的是防止用错。瓶身根据装灌气体的名称涂成各种颜色和标志。瓶身还套有两个橡胶制的防震圈，如图3-1所示。

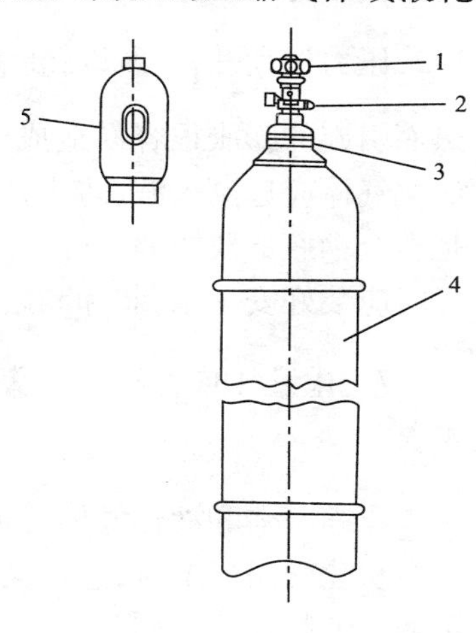


图3-1　气瓶平面图

1-阀门；2-安全阀；3-颈部；4-瓶身；5-安全帽

气瓶均为专用。装灌不同气体时的工作压力各不相同，氧气为150大气压、氮气为220大气压，所以不同的压缩气体和液化气体对气瓶的质量要求各不相同。因而气瓶不得乱用或改灌别的气体。

关于玻璃钢制的气瓶，只能用于装灌工作压力不高的气体。

## 6. 压缩气体和液化气体为什么会引起爆炸？

按规定压力装灌在符合质量要求和安全标准的钢瓶内的压缩

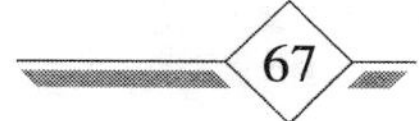

气体和液化气体，在正常情况下不会发生危险。但当受到剧烈撞击、振动时能引起瓶内气体分子的运动加速，产生巨大的压力，如钢瓶承受不了外界压力，因此，在装卸作业时应防止撞击、拖拉、摔落、翻滚，更不得溜坡滚动。搬运时应使用抬架或搬车。另外，气体的热胀冷缩现象是很突出的，在体积固定不变时，温度每升高1℃，压力加大$\frac{1}{273}$。所以，装满压缩气体和液化气体的钢瓶，因受热而引起的膨胀很容易造成气瓶的爆炸。因此，储运压缩气体和液化气体应远离火源，防止日晒，注意通风散热。启闭气门的部位是整个钢瓶最薄弱的部分，许多气瓶爆炸多数发生在气门处，故储运时应装好安全帽，装卸和搬运都不得触及安全帽。

**7. 压缩气体和液化气体主要包括哪些物质？它们是怎样分类的？**

压缩气体和液化气体的种类很多。

从化学组成上看，它们大都是一些分子组成比较简单，分子量不太大的物质。

①惰性气体（也称稀有气体）。氦 He、氖 Ne、氩 Ar、氪 Kr、氙 Xe 等。

②某些非金属单质。氢气 $H_2$、氯气 $Cl_2$、氧气 $O_2$、氮气 $N_2$ 等。这些物质的名称都有"气"字头。

③某些非金属氧化物。二氧化硫 $SO_2$、二氧化碳 $CO_2$、一氧化碳 CO、一氧化二氮 $N_2O$ 等。

④非金属氢化物。氯化氢 HCl、硫化氢 $H_2S$、氟化氢 HF、氰化氢 HCN、氨 $NH_3$，磷化氢 $PH_3$ 等。

⑤某些氟化物。六氟化硫 $SF_6$、三氟化硼 $BF_3$、四氟化硅 $SiF_4$ 等。

⑥低级烃及其衍生物。甲烷 $CH_4$、乙烯 $C_2H_4$、乙炔 $C_2H_2$、丁

二烯 $C_4H_6$、甲醚 $CH_3OCH_3$ 等。

⑦硼烷。

⑧其他。氰(CN)$_2$、氯化氰 ClCN、空气、水煤气、煤气等。

在运输中,将它们分为毒性、燃烧性、助燃性和惰性四项。

(1)剧毒气体

液氯、氰化氢、光气 $COCl_2$、溴甲烷、二氧化硫 $SO_2$ 等。这些气体的毒性极强,吸入人体能引起中毒,甚至造成死亡。

(2)易燃气体

氢气、甲烷、磷化氢以及有机化合物中的气体物质。这些气体非常容易燃烧,有些还有一定的毒性。

(3)助燃气体

氧气、空气、一氧化二氮等。这些气体本身不能燃烧,但能帮助燃烧,一旦和易燃物接触极易引起火灾。

(4)不燃气体

如氖、氩、氮、二氧化碳等。这些气体虽不燃烧,也不助燃,但有窒息性。若处理不当能引起人畜窒息。

## 8. 压缩气体和液化气体的爆炸与爆炸品的爆炸有何区别?

压缩气体和液化气体,由于外力的作用使瓶内压力增大,若钢瓶承受不住此高压将被胀裂破碎,此时瓶内的高压气体向外急剧膨胀而造成爆炸。由此可见,压缩气体和液化气体的爆炸是物理变化,在爆炸时没有新的物质产生。

爆炸品的爆炸是由于炸药或爆炸性药品经过急剧的化学变化,产生了大量气体和热量,形成高压气体造成爆炸,所以爆炸品的爆炸是化学变化。

## 9. 什么是"惰性气体"? 怎样运输?

当某些物质性质很稳定、不活泼、很难进行化学反应的时候,

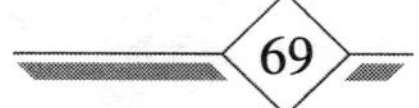

往往用“惰性”来形容。“惰性气体”即为不活泼的气体。

在元素周期表中0类元素，包括氦 He、氖 Ne、氩 Ar、氪 Kr、氙 Xe、氡 Rn，它们的性质非常稳定，几乎没有化学性质，被称为惰性元素。由于它们的单质是气体，又称为惰性气体。在冶金、焊接、电子管、消防等方面通常把不和金属作用、不燃烧、不助燃的气体叫做“惰性气体”，其范围广泛，不仅包括惰性气体，还包括氮气 $N_2$、二氧化碳 $CO_2$、氟里昂等不燃气体。

不燃气体在一般情况下（包括加热到1000℃）不燃烧、不助燃，除了窒息性外没有其他毒性。大多数不燃气体的临界温度都比较低，装在钢瓶内的不燃气体压力比较大，在受热、撞击或钢瓶受损时，有引起爆炸的危险。同时，大量的不燃气体扩散到空气中能引起窒息死亡。所以，仍属于危险品，应按危险货物运输。

不燃气体中的氡具有放射性，应按放射性物质办理运输。氙也具有放射性，若其放射强度超过规定的安全标准时，也应按放射性物质进行运输。

### 10. 什么是氧气？运输中应注意哪些事项？

氧气是空气的重要组成部分，空气中氧约占21%。氧气的用途非常广泛，运输量也很大，是重要的助燃气体。下面着重介绍氧气的物理性质，化学性质，用途和储运注意事项。

（1）物理性质

纯净的氧是一种无色、无味、无臭的气体。密度1.429g/L，对空气相对密度1.1052，沸点－183℃，熔点－218.4℃，不易液化。液体氧呈淡蓝色，固体氧为蓝色雪花状晶体。稍微溶于水，20℃时100体积水能溶解3.1体积的氧气。

（2）化学性质

氧在常温时性质不很活泼，只能和部分物质进行缓慢的氧化作用，但在高温时则很活泼，能和多数金属或非金属化合生成相应

的氧化物。

物质和氧进行剧烈的氧化作用,往往产生光和热,此种现象叫做燃烧。

物质能在氧气中燃烧,氧气能帮助物质进行燃烧,为助燃剂。

物质在纯氧中燃烧要比在空气中燃烧容易而且猛烈。例如,乙炔 $C_2H_2$ 在空气中燃烧呈现光亮的火焰,可供照明用;在纯氧中燃烧呈现高温(可达3500℃)火焰,可供焊接或切割金属用。物质在高压氧气中燃烧要比在常压氧气中燃烧要容易得多和猛烈得多。例如,一般工业矿物油和30个大气压以上的氧气接触时,不需点火就能自动燃烧起来。

(3)用途

氧是生物呼吸和物质燃烧所必需的气体。医疗上用以急救吸收困难和缺氧症。冶金上用以获得高温熔炼和氧化除掉杂质。金属工艺上用作氧炔焰或氢氧焰以焊接或切割金属。在化工方面用来强化硝酸和硫酸的生产过程。在矿山开采上用作液氧炸药。

(4)储运注意事项

由于氧气瓶一般是在20℃,150个大气压的条件下充灌的,瓶内压力很高,因而在储运过程中要注意防晒、防热、防震,应存放在阴凉处,注意通风散热。搬运和装卸必须轻拿轻放,严禁拖拉、滚动、撞击、摔碰。钢瓶应配好安全帽和防震圈。码放时瓶口要朝一个方向。

由于氧气是助燃性气体,故不得和起爆器材、炸药、自燃物质、易燃物质等储存于一库和配装于一车,尤其不得和油脂等接触。

## 11. 什么是乙炔?运输中应注意哪些事项?

乙炔 $C_2H_2$ 俗名电石气。纯净的乙炔无色无味,工业乙炔因含有杂质——磷化氢 $PH_3$ 而具有特殊的刺激性气味。

乙炔非常容易燃烧,闪点为-17.8℃。乙炔也很容易爆炸,和空气混合形成爆炸性混合气体,爆炸极限为2.55%~80.0%(体

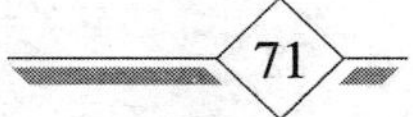

积)，当空气中含乙炔7% ~13%或纯氧中含乙炔30%时最易爆炸，压力超过1.5大气压时不需明火也能爆炸。未经净化的乙炔内可能含有0.03% ~1.8%的磷化氢$PH_3$。气态磷化氢100℃时就会自燃，液态磷化氢$P_2H_4$甚至不到100℃也能自燃。因而在乙炔中含有空气和磷化氢时容易引起爆炸起火。所以一般规定乙炔中磷化氢的含量不得超过0.2%，硫化氧含量应小于0.1%，乙炔含量应在98%以上。

乙炔和铜、银、汞等金属或其盐类长期接触，能生成乙炔铜、乙炔银等易爆物质，故凡涉及炔用的器材都不能使用银和含铜在70%的铜合金。

乙炔能和氯气、次氯酸盐等化合并发生燃烧和爆炸。乙炔还能和氢气、氯化氢、硫酸等多种物质进行加成反应。因而储存乙炔时最好不和其他物质在一起。另外，乙炔能和四氯化碳进行反应，故乙炔燃烧时绝对禁止用四氯化碳灭火。

乙炔装灌钢瓶时和其他压缩气体，液化气体不同，乙炔钢瓶内填充有活性炭、木炭、石棉或硅藻土等多孔性物质，再将丙酮注入，然后通入乙炔使之溶解于丙酮中，直至15℃时压力达15.5大气压。在充灌乙炔钢瓶时，需经严格检查是否漏气。

### 12. 装有压缩气体和液化气体的钢瓶发生漏气时，应采取的应急措施是什么?

钢瓶漏气主要发生在开关处。一方面开关松动，另一方面由于开关装置受损或开关装置与瓶体热胀冷缩不一致形成了缝隙而漏气。正常情况下，装灌压缩气体和液化气体的钢瓶均经过定期的技术检验，而且装灌气体后也要进行漏气试验，但储运过程中仍有漏气现象发生。因为：

(1)储运过程中由于剧烈振动，或装卸、搬运不慎使开关受震、受碰造成损坏、松动；

（2）当外界条件变化较大时，尤其是温度的变化，使瓶内压力产生波动，容易冲击开关而使开关松动；

（3）外界温度变化较大时，热胀冷缩现象较突出，易使开关与瓶壁产生缝隙。

在夏季及炎热天气情况下，运输压缩气体和液化气体常发生漏气现象。

钢瓶在漏气处，因高压气流急剧的外逸，摩擦生热，有时能产生较高的温度，如不及时处理可能发生钢瓶的爆炸。另外，漏出的气体，有的有毒，有的易燃，有的助燃，也能造成中毒、爆炸、火灾等危害。

发现钢瓶漏，首先确认漏气的钢瓶内气体的性质，以便采取相应的安全措施。有毒气体应戴防毒面具，易燃气体应断绝现场的火源和电源，不燃气体应戴氧气面罩等。操作时应站上风处，向漏气钢瓶倾泼大量冷水，或将其浸入水中，使之冷却，然后再拧紧开关和松动处。

漏气的钢瓶，未经冷却前，视其漏气程度，最好不要轻易先行拧紧开关，以免灼伤皮肤和发生其他意外。

### 13. 内装剧毒气体的钢瓶漏气时应如何处置?

内装剧毒气体的钢瓶漏气时危害性最大。当剧毒气体因钢瓶漏气扩散到空气中能造成大面积的空气污染。多数的剧毒气体比空气重，在地面上的密度比较大，短时间不易扩散到高空，因而在较长时间内能使较大范围内的人畜引起中毒，甚至死亡。所以，发现剧毒气体的钢瓶漏气时，应迅速果断地进行处理。

当发现装有剧毒气体的钢瓶漏气时，应先通风，然后倾注大量冷水再拧紧开关。若不能迅速 制止漏气现象，应立即将钢瓶浸入水中，最好浸入石灰水中（液氨不宜浸入石灰水中），以防止事故的扩大和剧毒气体的蔓延扩散。

将漏气的钢瓶浸入水中，不仅可以降低钢瓶的温度，减小瓶内的压力，从而减弱或制止漏气现象，而且可以防止剧毒气体扩散到空气中去。多数的剧毒气体能溶解于水,有的甚至能大量地溶解于水中。

多数剧毒气体是酸性物质,能和碱性物质进行中和反应,从而减弱或消除毒性,也可以防止剧毒气体的扩散。石灰水是氢氧化钙的水溶液,由生石灰和水作用而成的碱性物质。所以,把漏气的剧毒气体钢瓶浸入石灰水中,对防止剧毒气体的扩散更为有利。

剧毒气体中的液氨是碱性物质,和石灰水同性,氨不仅不能和石灰水进行中和反应,而且氨在石灰水中的溶解度比在水中少得多。所以,漏气的液氨钢瓶只能浸入水中,不宜浸入石灰水中。

浸过剧毒气体的水应撒入过量的石灰进行消毒。

### 14. 为什么氧及按普通货物运输的氧空钢瓶,不得与油脂配装?

油脂是一类较易氧化和燃烧的有机物质。在空气中不加热,不点火则不会燃烧。但在纯氧中,由于氧化加速在有火星和光照的情况下就可能引起燃烧。如果油脂和高压氧气接解,氧化反应进行得更快,甚至不需要其他条件就能引起燃烧。因此,如果装有高压氧气的钢瓶和油脂配装在一起,高压氧气钢瓶被油脂污染,或装运高压氧气钢瓶的车库残留有油脂等物质,一旦氧气钢瓶漏气就有可能引起燃烧甚至爆炸。所以,严格限定储氧钢瓶不得与油脂配装,储运氧气钢瓶的车、库不得有残留的油脂,氧气钢瓶及其专用工具严禁与油脂接触,操作人员绝对不能穿用沾有油脂或油污的工作服和手套。

在生产上为了保证氧气的纯度和安全,使用氧气后必须在钢瓶内留有一定压力的余气,不得用尽,以防止外界气体进入钢瓶。所以氧空钢瓶不是真“空”,为此按普通货物运输的氧空钢瓶和装灌有氧气的钢瓶应采取同样的安全措施。

### 15. 为什么液氯和液氨不可在同一车内配装?

液氯和液氨都是液化气体,均有一定的毒性,属于剧毒气体。

氯和氨之间可以进行一系列的化学反应，这些反应有一定的危险性，所以液氯和液氨不可在同一车内配装，也不可在同一库内存放。

氯和氨之间的化学反应比较复杂，大致有下列几种情况。

①氯和氨在空气中水分的参与作用下能生成氯化铵 $NH_4Cl$。

$$2Cl_2 + 2H_2O = 4HCl + O_2$$

氯　　水　　氯化氢　氧

$$NH_3 + H_2O = NH_4OH$$

氨　　水　　氢氧化铵

$$NH_4OH + HCl = NH_4Cl + H_2O$$

氢氧化铵　氯化氢　氯化铵　水

$$NH_3 + HCl = NH_4Cl$$

氨　氯化氢　氯化铵

②氨和氯在强光照射下可以直接进行剧烈反应，氨也可以在明火作用下在氯中燃烧。

$$2NH_3 + 3Cl_2 = N_2\uparrow + 6HCl + \text{热量}$$

氨　　氯　　氮　　氯化氢

反应后产生更多的气体和热量，有引起爆炸的危险。

③氨和过量的氯可以继续反应生成三氯化氮，氯化铵也可以和过量的氯继续反应生成三氯化氮。

$$NH_3 + 3Cl_2 = NCl_3 + 3HCl$$

氨　　氯　三氯化氮　氯化氢

$$NH_4Cl + 3Cl_2 = NCl_3 + 4HCl$$

氯化铵　　氯　　三氯化氮　氯化氢

三氯化氮为黄色液体，沸点 71℃，超过沸点，或和有机物接触，受振动很容易发生爆炸性分解。

$$2NCl_3 = N_2 + 3Cl_2 + \text{热量}$$

三氯化氮　　氮　　氯

从以上的反应来看，氯和氨存放或配装在一起，一旦发生漏气现象及上述反应都有引起爆炸的危险。所以液氯和液氨不可在同一车内配装,也不可在同一库内存放。

### 16. 运输压缩气体和液化气体的空钢瓶时应注意什么?

压缩气体和液化气体,使用时均不得全部用尽,必须在瓶内留有一定压力的余气,以保证其他气体不能进入瓶内。根据气体性质的不同,剩余残压也不同。如果气瓶不留余气,空气或其他气体就会侵入瓶内,使原有气体不纯,而且下次再装灌时可能发生危险。

由于各种气瓶都留有一定量的余气和余压,所以仍具有压缩气体和液化气体的危险性。因此,不论是按危险货物运输还是按普通货物运输都应提高警惕,严格防护,应保持开关紧闭,切勿松动。

### 17. 什么是气瓶?为什么钢瓶要涂上各种颜色和标志?

气瓶是指盛装公称工作压力大于或者等于0.2MPa,且压力与容积的乘积大于或者等于1.0MPa·L的气体、液化气体和标准沸点等于或者低于60℃液体的压力容器。

压缩气体和液化气体品种很多,性质各异,这些不同品种的压缩气体和液化气体,通常都是装灌在外貌相似的圆筒形耐压钢瓶内储运和使用的。如果没有醒目的标记加以区别,一旦混淆将会造成很大的危险。为了运输、装卸、管理和使用上的安全和方便,在各种钢瓶上必须有醒目的标记以示区别。高压气瓶的颜色和标志,见表3-2所示,示意图见图3-2所示。

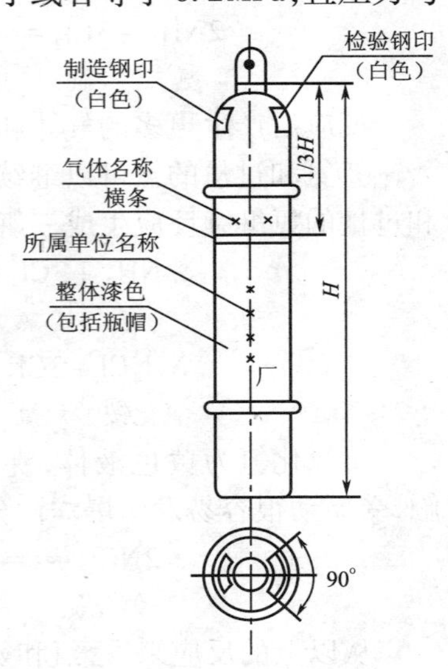


图3-2 气瓶的漆色、标志示意图

**高压气瓶的颜色与标志一览表**　　表 3-2

| 气瓶名称 | 外表涂漆颜色 | 字　样 | 字样颜色 | 横条颜色 |
|---|---|---|---|---|
| 氧气瓶 | 天蓝 | 氧 | 黑 | — |
| 医用氧气瓶 | 天蓝 | 医用氧 | 黑 | — |
| 氢气瓶 | 深绿 | 氢 | 红 | 红 |
| 氮气瓶 | 黑 | 氮 | 黄 | 棕 |
| 灯泡氩气瓶 | 黑 | 灯泡氩气 | 天蓝 | 天蓝 |
| 纯氩气瓶 | 灰 | 纯氩 | 绿 | — |
| 氦气瓶 | 棕 | 氦 | 白 | — |
| 压缩空气瓶 | 黑 | 压缩空气 | 白 | — |
| 石油气体瓶 | 灰 | 石油气体 | 红 | — |
| 氖气瓶 | 褐红 | 氖 | 白 | — |
| 硫化氢气瓶 | 白 | 硫化氢 | 红 | 红 |
| 氯气瓶 | 草绿 | 氯 | 白 | 白 |
| 光气瓶 | 草绿 | 光气 | 红 | 红 |
| 氨气瓶 | 黄 | 氨 | 黑 | — |
| 丁烯气瓶 | 红 | 丁烯 | 黄 | 黑 |
| 二氧化硫气瓶 | 黑 | 二氧化硫 | 白 | 黄 |
| 二氧化碳气瓶 | 黑 | 二氧化碳 | 黄 | — |
| 氧化亚氮气瓶 | 灰 | 氧化亚氮 | 黑 | — |
| 氟氯烷气瓶 | 铝白 | 氟氯烷 | 黑 | — |
| 环丙烷气瓶 | 橙黄 | 环丙烷 | 黑 | — |
| 乙烯气瓶 | 紫 | 乙烯 | 红 | — |
| 乙炔气瓶 | 白 | 乙炔 | 红 | — |
| 其他可燃性气体气瓶 | 红 | （气体名称） | 白 | — |
| 其他非可燃性气体气　瓶 | 黑 | （气体名称） | 黄 | — |

## 18. 压缩气体和液化气体主要有哪些危害性?

压缩气体和液化气体的主要危害性有:

(1)爆炸性

它们因受热、振动、撞击等因素影响而使内部气体膨胀、压力增大,这样易造成钢瓶漏气或使容器受损。由于钢瓶漏气,易燃易爆气体扩散到空气中组成爆炸性混合气体,当达到爆炸极限时是明火极易引起空间爆炸。由于钢瓶漏气,助燃气体扩散到空气中和可燃性粉尘混合,也能产生粉尘爆炸的危险。由于容器受损,轻则造成漏气现象,重则引起钢瓶本身的爆炸。

(2)毒害性

尤其是剧毒气体,对人、畜都有很大的毒害性,吸入少量即可引起中毒或死亡。空气中含有0.1%的氯气时,吸入人体即能严重中毒。空气中含有0.01%~0.02%的氰化氢气体时,吸入即能中毒,吸入30~60min后能引起严重中毒,甚至死亡。这些有毒的气体因漏气而扩散到空中引起的毒害是很大的。

(3)燃烧性

压缩气体和液化气体中的易燃气体和某些剧毒气体容易引起燃烧。它们之中,有的自燃点很低,在常温下不需点火即能自燃;有的闪点很低,遇火即能燃烧。压缩气体和液化气体中的助燃气体,本身虽不能燃烧,但有很强的助燃性。可燃物在助燃气体中,尤其在高压助燃气体中的燃烧比在空气中的燃烧容易得多,有时甚至不需点火即能引起燃烧。所以,助燃气体因漏气扩散极易引起周围可燃物的燃烧。

(4)窒息性

压缩气体和液化气体中除氧气和空气外。大量扩散到空中都能冲淡空气中氧的含量,影响人、畜的正常呼吸,严重时能使人、畜缺氧而窒息。

## 19. 怎样保证压缩气体和液化气体的安全运输?

压缩气体和液化气体属于危险货物运输,应采取妥善的措施,保证运输安全。

①承运时必须检查气瓶,开关关紧,安全帽应旋紧,不漏气(必要时用肥皂泡检查),有防震圈,无缺损,符合技术检验标准。否则不予承运;

②应存放在低温、通风良好的场所,防止日晒,远离火源和热源。堆放时应平卧放置,安全帽朝向一方,堆放不得过高。特殊形状的容器应竖立稳固放置;

③装卸作业时,应使用特制的抬架或搬运车,防止撞击、拖拉、摔落,不得手执气门安全帽,不得溜坡滚动,搬运时不要把钢瓶头阀对准人身,使用装卸机械工具应装有防止产生火花的防护装置;

④液氯与液氨不能在同一车内配装,易燃气体与助燃气体应适当隔离,所有压缩气体和液化气体均不得和爆炸品、氧化性物质,自燃物质、易燃物质配装,个别的可以配装但应作适当的隔离。存放库内也应适当隔离;

⑤氧气瓶及其专用工具严禁与油类接触,车、库不得有残留的油脂,操作人员绝对不能穿用沾有油脂或油污的工作服、手套,以免引起燃烧和爆炸;

⑥发现钢瓶漏气时,应迅速打开车门或库门通风,立即移至安全场所。倾注大量冷水冷却,可带上防毒面具,拧紧阀门制止漏气。若不能制止,可浸入水中。

## 20. 什么是非易燃无毒气体?

非易燃无毒气体是指在20℃压力不kPa的条件下运输或以冷冻液体状态运输的气体,如

①窒息性气体:通常会稀释或取代空气中的氧气的气体;

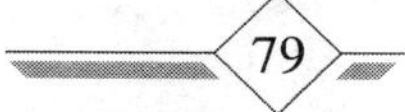

②氧化性气体:一般通过提供氧气可双空气更能引起或促进其他材料燃烧的气体。

③不属于其他项别的气体。

## 21. 什么是毒性气体?

毒性气体是指已知具有毒性或腐蚀性强到对人体的健康造成危害的气体,或 $LC_{50}$ 的数值小于或等于 5000mL/$m^3$,并对人具有毒性或腐蚀性的气体。

# 第四章　易燃液体

## 1. 什么是易燃液体?

汽油、煤油、酒精、香蕉水、花生油、桐油、机油等是可燃烧的液体。在这些物品中,汽油、煤油、酒精和香蕉水遇明火很容易着火燃烧,而花生油、桐油和机油虽然也可以燃烧,但在常温下,遇明火并不容易引起燃烧。根据它们这种易燃性的大小,把遇明火极容易或较容易引起燃烧的一类液体物质,叫做易燃液体。

易燃物质采用闪点的高低作为划分易燃液体与非易燃液体的标准。易燃液体是指在闭杯试验中温度不超过60.5℃或者在开杯试验中温度不超过65.6℃时,放出易燃蒸气的液体。液体混合物或含有固体的溶液或悬浊液。而闪点高于35℃且不能持续燃烧的液体,则不视为易燃液体。

易燃液体还包括:在温度等于或高于其闪点的条件下提交运输的液体;或以液态在高温条件下运输或提交运输并在高温等于或低于最高运输温度下放出易燃蒸气的物质。

另外,还可按照易燃液体的化学性质和商品类别来分类。这种分类虽然与交通运输关系不大,但却能帮助我们掌握和了解易燃液体的一些基本特性,有助于安全运输。例如:

①化学化工燃料及溶剂,如汽油、庚烯、乙醇、甲醚、丙酮、二甲苯、苯等;

②二乙二氯硅烷、二氯硅烷等硅的有机化合物;

③各种易燃油漆类,如硝基清漆、醇酸清漆等;

④各种树脂和黏合剂,如生松香和万能胶等;

⑤各种油墨和调色油,如影写板油墨和照相油色等;
⑥含有易燃液体的物品,如鸡眼水和擦铜水等;
⑦盛放于易燃液体中的物品,如金属镧、钕、铈等;
⑧其他,如二硫化碳,胶棉液等。

### 2. 为什么易燃液体易于着火燃烧?

从易燃液体的物理及化学性质,可以确定其易燃性。

从化学组成看,易燃液体都是含有碳、氢等元素的有机化合物,这就使易燃液体具备了能燃烧的条件,燃烧时碳原子和氧化合生成二氧化碳,氢原子和氧化合生成水。个别易燃液体中还含有其他一些元素,有的也能和氧化合。如二硫化碳中的硫原子,也能和氧化合生成二氧化硫。

从物理性质看,由于易燃液体都具有较大的挥发性,这样在易燃液体的液面附近可燃蒸气的浓度就较大,如果遇到火花或明火时,就会立即起火燃烧。显然,易燃液体的挥发性越大,它的易燃性也就越大。例如,汽油的挥发性就比煤油要大得多。

### 3. 何谓闪点? 它与易燃液体危险性的大小有什么关系?

闪点是指能燃烧的液体在闪点测定仪中被加热后,其蒸气与周围空气形成可燃的混合气体,当与明火接触时,能发生不连续闪火时的最低温度。

易燃液体危险性的大小与其闪点高低有着极为密切的关系。闪点越低,易燃性越大,危险性也就越大;闪点越高,易燃性越小,危险性也就越小。

虽然闪点主要是对易燃液体而言的,但是对少数固体物质(易燃的)有时也用闪点来表示其易燃性的大小,如萘的闪点为78.89℃,这是因为萘受热易挥发出易燃性蒸气的缘故。

## 4. 易燃液体也会发生爆炸吗?

易燃液体发生爆炸的事故,是屡见不鲜,应引起足够的重视。

易燃液体的爆炸主要有以下几个原因:

(1)体胀爆炸

因易燃液体盛装过满,当受热体积膨胀时,就造成容器胀裂和爆炸事故;

(2)蒸气压升高爆炸

易燃液体容器虽留有一定空隙,但容器受热后,易燃液体的蒸气压升高,当超过容器所能承受的压力时,就会导致容器炸裂等事故;

(3)空间爆炸

由于易燃液体撒漏后挥发出来的易燃性蒸气,与空气混合到一定量(爆炸极限)时,遇明火会引起空间爆炸。

因此,在储放易燃液体的场所,应注意通风、降温,严禁引入明火。

## 5. 什么是有机溶剂?

溶剂是指一类能够溶解别种物质的物质。溶剂可能是一种无机物质(如水等),也可能是一种有机物质(如汽油等)。属于有机物质的溶剂,称为有机溶剂。

很多有机溶剂都具有挥发性大,闪点低,遇明火容易引起燃烧的性质,属于易燃液体。如常见作为有机溶剂的易燃液体有:乙醇 $C_2H_5OH$、甲苯 $CH_3C_6H_5$、苯 $C_6H_6$、二甲苯 $C_6H_4(CH_3)_2$、煤油、丙酮 $(CH_3)_2CO$、丁酮 $CH_3CH_2COCH_3$、汽油等。

有机溶剂也常用作许多物质的稀释剂,如用作漆类的稀释剂等。

### 6. 为什么常温下为固体的金属镧、钕、铈等被列为易燃液体?

镧、钕、铈均为稀有金属,属镧系元素。它们位于化学元素周期表的第Ⅲ类副族。

露置于空气中的镧、钕、铈,受氧气等物质的作用,易氧化而发生变质。如果,使这些金属与空气相互隔离,储存于不和它们发生作用的煤油中或封存于固体石蜡中。当金属镧、钕、铈封储于煤油中时,因为煤油是易燃液体,故将固体的金属镧、钕、铈也列为易燃液体。但是,如果这些金属封储于固体或液体的石蜡中,由于石蜡不属于危险货物,此时上述金属则可以按普通货物运输。

对于其他的金属或物品(遇水燃烧的金属钠、钾等除外),当封储于易燃液体中时,一般均应按照该易燃液体的运输要求办理,如果封储于非危险货物中(如石蜡),则一般可按普通货物运输。

### 7. 乙醇、无水乙醇、变性乙醇的区别是什么?

乙醇俗称酒精,是一种无色、透明、易挥发、易燃烧的液体,相对密度0.816,沸点78℃,闪点14℃,可以按各种比例溶于水。乙醇是一种很好的有机溶剂,能够溶解许多有机物和无机物。乙醇在空气中燃烧时产生较高温度,发出淡蓝色火焰,生成二氧化碳和水:

$$\underset{\text{乙醇}}{C_2H_5OH} + \underset{\text{氧气}}{3O_2} = 3\underset{\text{水}}{H_2O} + \underset{\text{二氧化碳}}{2CO_2}$$

乙醇蒸气与空气混合,能形成爆炸性混合气体,这种混合气体遇明火有引起爆炸的危险,其爆炸极限为3.5%~18.0%。

普通乙醇里约含乙醇96%,水4%。如果在普通乙醇中加进石灰,将水吸收,经蒸馏后的乙醇,便是无水乙醇或称无水酒精。变性乙醇(变性酒精)是在乙醇里掺入了一定数量的甲醇、吡啶等有毒、有臭物质的乙醇,故变性乙醇有一定的毒害性。

乙醇、无水乙醇和变性乙醇都属于易燃液体。它们的用处很广，可作燃料、化工原料、医药、染料、合成纤维用。

## 8. 什么是漆？什么样的漆属于危险货物易燃液体类？

漆又称油漆，是涂料的旧称。

涂料的品种很多，有按用途分类的，如建筑用漆，船舶用漆，电气绝缘用漆等。也有按施工方法分类的，如刷用漆、喷漆、烘漆、电泳漆等。还有按作用，外观来源等分类的。科学的方法是以成膜物质的化学组成来分类。我国化工部制定的涂料分类法，就是以成膜物质的化学成分为基础制定的。将涂料划分为18大类，在涂料命名原则中规定，除了粉末涂料外，仍采用“漆”一词。可知“漆”的涵义是指除粉末状以外的其他液态涂料。

涂料一般是由不挥发分和挥发分（稀释剂）两部分组成。涂料在物体表面涂布后，其挥发分就逐渐挥发逸去，留下不挥发分而干结成膜。人造漆中的挥发分大多是一些易燃液体，如丙酮、甲苯、松香水等。含有这些挥发分的涂料一般都易于着火燃烧。凡闪点在60.5℃以下的，易于燃烧和挥发的液体，属于易燃液体。而闪点在60.5℃以上的涂料除一些有毒性（如生漆）的外，一般可按普通货物运输。

## 9. 什么是苯？它有哪些主要用途？

苯是一种没有颜色和带有特别气味的液体物质，易挥发，遇明火发生急剧燃烧，有一定毒性，不溶于水，能溶解许多有机物质，所以苯是一种极为重要的有机溶剂。

苯的相对密度为0.879，沸点80.4℃，熔点5.4℃，闪点-12℃。由于苯的熔点比冰的熔点高，如果用冰来冷却苯，它就能够凝结成无色晶体。

苯的来源有两个方面：

①从石油或煤焦油中提取；

②人工合成。将乙炔 $C_2H_2$ 通过催化剂作用，高温下可合成苯。

$$3\,C_2H_2 \xlongequal[600^{\circ}C]{催化剂} C_6H_6$$

乙炔　　　　　苯

苯分子由六个碳原子和六个氢原子组成，具有一种特殊的分子结构。

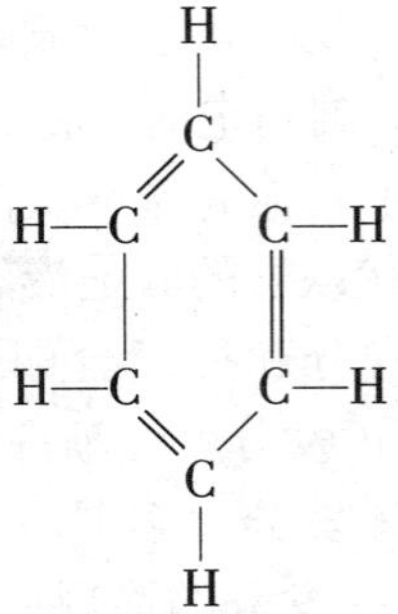

```
          H
          |
          C
        //  \
   H—C        C—H
     |        ||
     |        ||
   H—C        C—H
        \\  /
          C
          |
          H
```

苯是化学性质活泼的易燃液体，完全燃烧时与空中的氧气化合，生成二氧化碳和水。

$$2\,C_6H_6 + 15\,O_2 = 12CO_2 + 6\,H_2O$$

苯　　　氧　　　二氧化碳　　水

苯是非常重要的化学工业原料之一，苯及其化合物在工农业等方面都有着广泛的用途，如在染料、医药、炸药、香料、农药、合成纤维中，都是不可缺少的原料。

## 10. 为什么运输易燃液体的罐车要做成圆形或椭圆形？

盛装易燃液体及其他液体物质的罐车是圆形或椭圆形的，这是根据罐体的合理受力，避免应力集中而提出的。

(1)承载力强

圆形或椭圆形容器除能承受较大的压力外,还能经得起较大的机械力的冲击,结实耐用。在运输过程中往往具有非常大的振动,由于容器在盛装液体后,还留有一定的空隙,车辆的不断颠动,会使容器内的液体形成很大波动,并不断地而且有力地冲击着容器壁,造成非常大的冲击力。如果容器是圆形或椭圆形的,所产生的波浪就会沿着容器壁运动,使波浪的冲击力较均衡地分散到器壁的各个部位,不致于造成压力的集中而使容器壁某处承受的压力过大,这样也就不容易造成容器被击破的现象。反之,如果是采用有棱角形状(如方形)的容器盛装液体,由于波浪的不断冲击,特别在棱角处容易造成压力的高度集中,因此,容器棱角处最易被冲破而造成事故。如图4-1和图4-2所示。

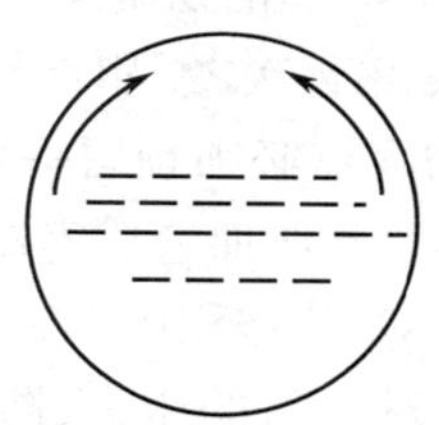

图 4-1 圆形容器受力情况

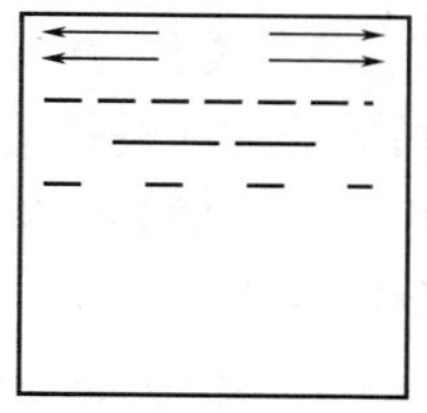

图 4-2 方形容器受力情况

(2)节省材料

同样数量的材料,制成圆形或椭圆形容器时,比制成方形或其他任何形状的容器,有更大的容积。

### 11. 为什么运输易燃液体的罐车必须配备除静电装置?

在运输汽油、煤油等油料的过程中,由于油料之间及油料与罐壁之间的相互急剧摩擦,容易产生静电。当产生的静电荷积聚到一定的程度时,电压随之升高,容易产生高压放电。静电荷的高压放电,危险性极大,往往会引起油料的燃烧和爆炸。

易燃液体的着火能量很小,往往容易被静电火花点然。如果静电放电的火花能量,达到或大于周围可燃物的最小能量,而且空

气中的可燃物浓度和含量已达到燃烧爆炸的范围，就会引起燃烧爆炸。如运输汽油、苯、烃类等易燃液体的电阻率很大，油罐车后面拖着一根铁链，目的是将油罐车内所产生的静电荷，通过铁链导入地下，免除因电荷聚积而造成的高压放电现象。因此，汽车油罐车必须配备除静电装置因为汽车的橡胶轮胎为绝缘体，不能导电，静电荷不能通过轮胎而导入地下。

## 12. 为什么盛装易燃液体的容器必须留有一定的空隙?

物质的体积除可以被压缩，还具有热胀冷缩的特性。对于绝大多数物质来说，无论它们是固体、液体或气体，受热后体积会发生膨胀，受冷后体积会发生收缩。但是，对于三种状态的物质，热胀冷缩的程度则不一样。气体受热后体积变化最大，液体次之，固体最小。

盛装易燃液体或其他液体物质的容器必须预留一定的空隙，目的是防止受热后的易燃液体发生体积膨胀而造成容器破裂。容器内由于留有一定的空隙，当易燃液体受热体积增大后，就可以占据空隙部分的体积，从而大大减小了对容器的压力，防止容器胀裂。如果不留空隙，当受热体积膨胀时，易燃液体必然会对容器壁形成很大的压力直致造成破损事故。

盛装易燃液体或其他液体物质的容器，应留有不少于总容积的5%的膨胀空隙(图4-3)。

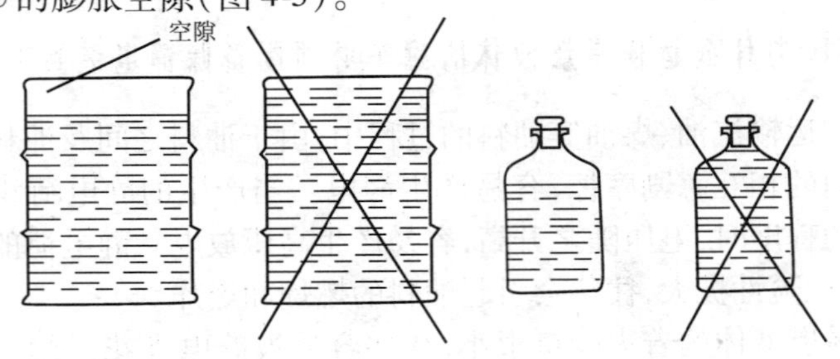


图4-3　盛装易燃液体的容器应留5%的空隙

### 13. 为什么盛装易燃液体的铁桶，要进行 $0.5kg/cm^2$ 的水压或气压试验？

易燃液体（或其他液体物质）自身的重量会对容器壁造成一定的压力，而且其蒸气压也会对器壁造成压力，加上运输过程中的冲击和振动等作用，倘若容器质量不符合国家标准，很容易引起容器渗漏或胀裂等事故。

在交通运输中，经常采用铁桶盛装易燃液体及其他液体的危险货物。为了确保运输安全，凡用来盛装液体危险货物的铁桶，应进行 $0.5kg/cm^2$ 的水压或气压试验，以保证铁桶坚实牢固并能承受相当大的压力，避免造成事故。

所谓 $0.5kg/cm^2$，指的是每平方厘米的铁桶壁上，应能承受 0.5kg 重的压力。

### 14. 为什么要用有色瓶具盛装乙醚？

乙醚是无色、透明的液体，相对密度为 0.715，沸点 34.5℃，极易挥发，闪点 -40℃，遇明火极易燃烧。乙醚蒸气对人有害，吸入的会使人麻醉中毒。

乙醚与空气长期接触时，特别是在日光直接照射的情况下，受空气中氧气的氧化作用，会自动地氧化成乙醚的过氧化物（即过氧化乙醚 $C_2H_5—O—O—C_2H_5$ ）。

$$\underset{\text{乙醚}}{2C_2H_5—O—C_2H_5} + \underset{\text{氧}}{O_2} = \underset{\text{过氧化乙醚}}{2C_2H_5—O—O—C_2H_5}$$

生成的过氧化乙醚不容易从乙醚中挥发出来，留在乙醚里，并随着氧化的进行，其量逐渐增多，而乙醚的这种过氧化物，和其他许多有机过氧化物一样，性质极不稳定，会因受热、振动等外力作用，引起强烈爆炸。

为了减少乙醚的氧化，应尽可能避开阳光照射，采用有色或难透光的容器盛装乙醚,可以起到吸引或遮挡阳光的作用。

保存过久的乙醚或受阳光照射过长的乙醚,通常含有多量的过氧化乙醚,有着更大的危险性,运输中必须注意防震防撞,装卸、搬运时应轻拿轻放,否则是十分危险的。

乙醚的危险性比汽油、酒精、苯更大,这与它有着特别大的挥发性有关。乙醚的蒸气压甚大,而其蒸气压的大小又是随温度的升高而升高的。即温度愈高,乙醚的挥发性增大,蒸气压随之增大。在气候炎热时,乙醚的蒸气压会急剧增大,以致在容器内形成很大的压力,造成容器胀裂事故。所以,每年4~9月份,用坚固铁桶密封的乙醚,应采用冷藏运输,以免乙醚受热蒸气压过高而发生容器破裂等事故。

### 15. 汽油着火能够用水扑救吗?

汽油是一种最常见的易燃液体,相对密度小于1,闪点-45℃,不溶于水,易于流动,极易挥发,爆炸极限为1.0%~1.6%。

汽油着火是不可用水扑救的。因为汽油的相对密度比水要小,又不相溶,如果用水扑救燃烧的汽油,相对密度大的水往下沉,相对密度小的汽油往上浮,互不混溶,分成上下两层。这样,汽油浮在水的上面,不仅照样燃烧,而且还会随着水的流动使火焰蔓延,扩大灾情,造成更大的火灾事故。

因此,凡比水轻,又不能很好地溶于水的易燃液体,均不得用水扑救火灾。对于汽油及其他易燃液体的灭火,常使用二氧化碳、四氯化碳、干粉、干砂等实施扑救。

少数易燃液体,如二硫化碳 $CS_2$ 等,因其相对密度很大,有的还能和水很好的混溶,则可用水扑救,但必须进行防护,以免流动而扩大燃烧面积。

### 16. 易燃液体有哪些危险性?

易燃液体主要有下列危险性:

(1)易燃性

易燃液体及其蒸气,遇明火极易引起燃烧,在很短的时间内容易造成大面积的火灾事故;

(2)挥发性

易挥发,而挥发出来的蒸气具有易燃、爆炸、毒害的性质;

(3)爆炸性

除受热会发生体积膨胀,造成容器炸裂以外,易燃液体挥发出来的蒸气,与空气混合到它们的爆炸极限时,遇明火也有引起爆炸的危险;

(4)毒害性

许多易燃液体不仅本身有毒,而且挥发出来的蒸气也有毒,过多吸入有碍身体健康,甚至引起中毒;

(5)窒息性

挥发出的大量易燃液体的蒸气,能冲淡空气中氧的含量,使人因窒息造成中毒。

运输易燃液体,要特别注意防火防热,严禁明火接近,作业时轻拿轻放,不要使用能发生火星的工具。

# 第五章　易燃固体、易于自燃的物质、遇水放出易燃气体的物质

### 1. 什么叫做易燃固体?

易燃固体包适:①容易燃烧或摩擦可能引燃或助燃的固体;②可能发生强烈放热反应的自反应物质;不允许稀释可能发生爆炸的固态退敏爆炸品。③但是,并非所有的易燃固体都是危险货物,象禾草、芦苇、烟叶、木屑、羊毛、黄麻等农副产品及其制品,则属于非危险货物中的易燃物品。

### 2. 什么叫做燃点? 易燃固体危险性大小与其燃点有何关系?

燃点是指物质开始燃烧时所需要的最低温度。燃点又称燃烧点、着火点、发火点等。任何一种可燃物质都有一定的燃点,易燃固体的燃点一般较低。

燃点低的易燃固体受外界作用容易引起燃烧,燃点高的易燃固体受外界作用较难引起燃烧。燃点低的易燃固体比燃点高的易燃固体的危险性大。因此,易燃固体的燃点高低是其危险性大小的一个重要标志。例如,红磷燃点约为160℃左右,五硫化磷燃点约为300℃左右,对比之下,红磷的燃点低,危险性较五硫化磷为大。

对于易燃固体及其他许多物品来讲,燃点的高低对于确定其危险性的大小,具有十分重要的意义。

### 3. 为什么闪光粉比镁粉的危险性大?

闪光粉是镁粉和氧化性物质(氯酸钾)混和组成的一种混

合物。

点燃闪光粉不仅比点燃镁粉容易，而且闪光粉燃烧时所发出的亮光比镁粉燃烧时所发出的亮光要强烈得多，燃烧速度极为剧烈。

闪光粉、镁粉都是通过同一种易燃金属镁的剧烈氧化作用而燃烧的。而为什么闪光粉的燃烧比镁粉要强烈得多，主要是闪光粉中的助燃物不是空气而是氧化性物质氯酸钾。氯酸钾 $KClO_3$ 是一种具有强烈氧化性的氧化性物质，在分解时能够把自己的全部氧原子释放出来：

$$\underset{\text{氯酸钾}}{KClO_3} \longrightarrow \underset{\text{氯化钾}}{KCl} + \underset{\text{原子氧}}{3[O]}$$

这种处于分解瞬间的原子氧与普通的氧气不同，它有着更为强烈的氧化性，遇到易燃或可燃物及其他强还原性物质时，会引起极其剧烈的氧化—还原反应。所以，闪光粉中的镁粉燃烧十分急剧。而镁粉在空气中的燃烧则不然，它是金属镁与空气中的氧分子的相互作用，故镁粉在空气中燃烧比闪光粉中的镁粉燃烧的速度要慢。

闪光粉和镁粉燃烧时均不放出气体，没有火焰，只发生高温和强光。它们的氧化反应分别用下列式子表示：

$$\underset{\text{镁}}{3Mg} + \underset{\text{氯酸钾}}{KClO_3} = \underset{\text{氧化镁}}{3MgO} + \underset{\text{氯化钾}}{KCl}$$

$$\underset{\text{镁}}{2Mg} + \underset{\text{氧}}{O_2} = \underset{\text{氧化镁}}{2MgO}$$

### 4. 怎样识别红磷和黄磷？如何运输？

红磷 $P_8$（赤磷）和黄磷 $P_4$（白磷）都是由磷元素构成的单质，是磷的不同变体。

虽然红磷和黄磷都是由同一种元素所组成的，但是，由于组成的它们的原子个数和结构不同,致使这两种物质在性质上差别很大。

红磷是一种暗红色粉末状物质,无毒无臭,相对密度 2.20(20℃),416℃时升华,不溶于水,也不溶于二硫化碳等;黄磷是一种淡黄色或无色的半透明蜡状晶体,有剧毒和恶臭,相对密度 1.82(20℃),溶点 44.1℃,不溶于水,可溶于二硫化碳。

常温下红磷性质不活泼,在空气中加热至 160℃以上才能燃烧,与强氧化性物质接触,经摩擦等会引起燃烧和爆炸;常温下黄磷性质极为活泼,易氧化,能自燃,加热到 40℃左右就引起燃烧,即使在暗处也可看到黄磷氧化的磷光。

红磷和黄磷在一定条件下能够相互转化,例如黄磷在含有惰性气体的密闭容器中加热至 250~300℃时,逐渐转化为红磷。红磷加热变为磷蒸气,再迅速冷却又能重新转变为黄磷。

根据红磷、黄磷易燃危险性的大小,列红磷为易燃固体,黄磷为自燃物质。

## 5. 为什么生松香比熟松香的易燃性大?

生松香即松脂的俗称,又名生香、油松脂、焦油松香等。

生松香为淡黄色不透明的块状固体,稍有光泽和较大粘性,有树脂的特殊气味。它是由针叶树分泌出来的一种天然树脂。

生松香是由多种有机物组成的混合体,其中含有松节油(以萜烯为主要成分的烃类混合物)。松节油是一种易燃液体,易于挥发,闪点 35℃。因为生松香里含有较多的这种易挥发的成分,所以遇明火后极易起火,危险性大,故列入易燃固体。

通过蒸馏的方法,把生松香里的易挥发的松节油提取出来后,余留下来的物质便是熟松香,简称松香。熟松香也是一种树脂,为浅黄色至黑色半透明玻璃状脆性固体,光泽性比生松香强,粘性比生松香差,略有树脂气味。由于熟松香不含易燃易挥发的松节油成分,虽然遇明火可以引起燃烧,但并不容易引起燃烧,易燃危险性不大，故可按普通货物运输。

## 6. 为什么粉末状及海绵状的金属钛、钍、锆、铪易于燃烧？

物质的燃烧是物质和空气中的氧（或其他的氧化性物质）发生作用的过程。燃烧也是从物质的表面开始的，物质的表面积越大，物质和空气中氧气（或氧化性物质）相接触的面积就越大，单位时间内能参与反应的分子数也就越多。这样，反应就越容易进行和越剧烈。除此之外，物体的体积越小，加热时温度就越易升高，越易于达到该物质的燃点。一块木板加工成刨花后，它的表面积就比原木板大得多，而一片刨花的体积又比原木板要小得多，所以，刨花比木板容易着火燃烧。通常情况下的金属钛、钍、锆、铪不易燃烧，而粉末状及海绵状的金属钛、锆、铪等则容易引起燃烧。因此，粉末状或海绵状的金属应按危险货物运输，而块状、棒状及其大体形的金属，则可按普通货物运输。

## 7. 卫生球也是危险货物吗？

卫生球又称樟脑丸，它是以樟脑（樟树枝叶等中含的一种物质）制得的，所以称樟脑丸。它是用萘制成的。

萘（$C_1OH_8$）是一种最简单的稠环化合物，无色或白色片状结晶，有物殊的臭味，具有一定的挥发性。萘的相对密度 1.162，熔化点 80.2℃，沸点 217.9℃，不溶于水，易燃。

萘的易燃性不仅取决于它的分子组成，而且还因为萘受热易挥发出萘的蒸气，这种蒸气遇明火能燃烧，另外，挥发到空间的萘蒸气，接触明火亦有引起爆炸的危险。

通常的卫生球虽然含有多种杂质，但其主要成分是萘，萘易燃而具有危险性，故卫生球应列入危险货物（易燃固体）。

卫生球燃烧时生成二氧化碳和水，因其分子组成中含有 10 个碳原子和 8 个氢原子，碳原子多，所以燃烧时放出很大的黑烟。

$$C_{10}H_8 + 12\ O_2 = 10CO_2\uparrow + 4\ H_2O$$

萘　　　氧　　　二氧化碳　　水

8. 赛璐珞板(片)及其制品既易燃又易自燃是什么原因?

赛璐珞是由胶棉(一种含氮量较低的硝化纤维素)、樟脑等增塑剂、润滑剂、染料等多种成分加工而成的一种塑料产品,其特点是质轻而坚韧,富有弹性,易加工成各种色泽美观的制品,在80~90℃时软化。赛璐珞成分中的硝化纤维素和樟脑等都是易燃固体,所以赛璐珞板(片)及其制品也都是非常容易着火燃烧的

赛璐珞板(片)及其制品主要取决于其成分中的硝化纤维素。硝化纤维素是一种化学性质不太稳定的物质,不仅遇明火极易燃烧,而且受热及在其他外界因素的影响下,会分解放出氧和热量。与此同时,分解出来的这些物质反过来又能促使硝化纤维素分解过程的进行,使反应速度逐渐加剧,以致自燃起火。

9. 硫磺粉和氯酸钾配装有什么危险?

硫磺是一种黄色粉状或块状固体,相对密度1.956(粉状的)和2.046(块状的),熔点112.8℃,沸点444.6℃,加热到255℃能着火燃烧,属于易燃固体。

硫磺(S)在空气中燃烧,与氧气发生氧化反应,生成有毒的二氧化硫($SO_2$):

$$S + O_2 = SO_2$$

硫　氧　　二氧化硫

二氧化硫又名亚硫酸酐,与水作用能生成亚硫酸$H_2SO_3$。

$$SO_2 + H_2O = H_2SO_3$$

二氧化硫　水　　　　亚硫酸

二氧化硫是一种具有特殊刺激性臭味的、腐蚀性的和有毒的气体,有强烈的刺激作用,接触后能对人体造成一定程度的粘膜损

害及呼吸道损害。吸入量大时，能引起反射性声带痉挛，喉头水肿以致窒息。

硫磺粉与强氧化性物质氯酸钾混合时，在一定外界作用下（如加热或摩擦等）极易发生爆炸。

$$\underset{\text{硫}}{3S} + \underset{\text{氯酸钾}}{2KClO_3} = \underset{\text{氯化钾}}{2KCl} + \underset{\text{二氧化硫}}{3SO_2}\uparrow$$

硫磺粉不仅与氯酸钾混合有很大的危险性，与其他氧化性物质混合时，也会构成易燃或易爆的混合物，危险性大，应加以防范。

## 10. 闪光粉、铝粉着火能用水扑救吗？

闪光粉、铝粉着火不能用水扑救，主要有以下几方面的原因：

（1）闪光粉中的镁粉及铝粉都是较活泼的金属，燃烧时能产生1000℃以上的高温，在高温下，水能够迅速地分解为氢气和氧气。

$$\underset{\text{水}}{2H_2O} \xrightarrow{\text{1000℃以上的高温}} \underset{\text{氧}}{O_2} + \underset{\text{氢}}{2H_2}$$

氧能助燃，氢气为易燃气体，它们的产生，会迅速起火，甚至会导致爆炸；

（2）镁粉、铝粉的颗粒是很轻的，受水冲击后非常容易四起飞扬，而飞散开来的闪光粉和铝粉更容易着火燃烧，也能立即发生粉尘爆炸。

由此可见，闪光粉，铝粉及其他许多活泼金属粉的灭火，均不可用水，当然，同样也不要使用含有大量水分和酸液的泡沫灭火器或酸碱灭火器。常用干燥的砂土，干粉等物资扑救它们的火灾。

## 11. 为什么氨基化钠及其他活泼金属的氨基化物的火灾不宜用水扑救？

氨基化钠（$NaNH_2$）、氨基化钾（$KNH_2$）、氨基化钙（$Ca(NH_2)_2$）等氨基化物，遇水时会发生水解作用，产生大量的氨气（$NH_3$）：

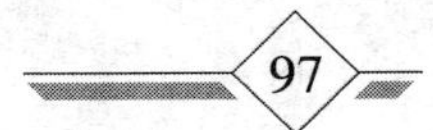

$$NaNH_2 + H_2O = NaOH + NH_3 \uparrow$$

氨基化钠　水　　氢氧化钠　氨

$$Ca(NH_2)_2 + 2H_2O = Ca(OH)_2 + 2NH_3 \uparrow$$

氨基化钙　　水　　　氢氧化钙　　氨

氨是一种有刺激性的有毒气体，对眼睛有强刺激，氨基化物遇水后放出的氨气逸出后，会给消防人员带来危害，使扑救火灾的工作困难，所以氨基化物遇水后不应用水扑救。

氨基化物常以干砂、干粉、二氧化碳和四氯化碳等灭火物资来扑救火灾。

## 12. 易燃固体有哪些危险性?

易燃固体的危险性主要有：

(1)易燃性

与明火接触容易造成火灾。应注意防火防热；

(2)毒害性

许多易燃固体，特别是其中的硝基化合物和氨其化合物，有着较大的毒性，燃烧后会产生大量的有害气体；

(3)爆炸性

易燃固体中的硝基化合物，遇明火或摩擦等有引起爆炸的危险；飞散到空气中的各种粉状易燃固体，遇明火可能引起粉尘爆炸。

## 13. 什么是自燃? 产生自燃的原因是什么?

自燃是指不经明火点燃就自动着火燃烧的现象。按产生的原因，又可以把自燃分为两种类型:加热自燃；自热自燃。

如果一个可以燃烧的物质，虽然不与明火相遇，但是有外界热源对它加热，当温度达到该物质的自燃点，立即产生明火燃烧的现象，称为加热自燃。大多数可以燃烧的物质，在有热源加热的条件下，都能发生这种类型的自燃。

凡是一个物质与空气中的氧等接触后，发生缓慢的氧化，同时放出热量，当这些热量散不出去时，物质的温度会逐渐升高，温度达到该物质的自燃点时，就自动着火燃烧的现象，称为自热自燃。显然，只有那些容易和氧发生氧化反应，并且放出的热量也较多，自燃点又较低的物质，才会发生这种类型的自燃。

自热自燃是指堆积过大、过紧的煤堆发热引起的自燃；森林中堆积过厚的树叶、杂草的自燃；农村中草堆受潮的自燃等。

## 14. 为什么自燃物质不与明火相遇也能发生燃烧？

燃烧是一种发光、发热的剧烈的化学变化。而要使燃烧进行必须具备3个条件：即有能燃烧的物质，帮助燃烧的物质和一定的温度。当自燃物质放置于空气中时，已具备了能燃烧的两个条件—自燃物质是能燃烧的物质，空气中的氧是能帮助燃烧的物质。这时只缺乏引起燃烧的第三个条件：一定的温度。因而，当有外界热源对它加热，使它达到这个温度时；或者自火燃物品自身氧化放热，温度升高而达到这个温度时，都会立即引起自燃。

对一个自燃物质来说，它的燃点比其自燃点要低，因而在有明火引燃时，所要求的温度要低些；在无明火引燃的条件下，靠热源或自身氧化放热而自燃时，所要求的温度则要高一些。因而对自燃物质除了应当防止它发生自燃外，更应当防止明火的引燃。自燃物质是比易燃物质或可燃物品更容易被明火引燃的物品。

## 15. 什么是自反应物质？

自反应物质是指即使没有氧（空气）也容易发生激烈放热分解的热不稳定物质。包括以下类型的化合物：

①脂族偶氮化合物；

②有机叠氮化合物；

③重氮盐

④N—亚硝基化合物；

⑤芳族硫代酰肼。

## 16. 自燃物质的自燃与温度有何关系？

所有的化学反应都和温度有着极其密切的关系。对大多数化学反应来说，当温度升高时，反应速度就加快。

自燃物质的自燃与温度有关，温度升高自燃就容易发生，燃烧的速度也就加快。以纸的燃烧为例，在通常温度下，纸是不会自行燃烧的。如果把纸靠近热源（温度很高的炉壁），纸虽然没有与明火相接触，但是因为温度很高，纸逐渐被烤焦，由白色逐渐变黄、变黑，当温度达到纸的自燃点，纸就会自行着火燃烧。

因此，大多数物质（包括自燃物质）的化学变化速度，是随着温度的升高而加快的。自燃物质的氧化速度也是随着温度的升高而加快，因而，也就越容易发生自燃。

为了防止自燃物质的自燃，必须作好自燃物质的散热工作，远离热源、火源，在夏季应注意通风降温，防止发生自燃。

## 17. 哪些自燃物质属于危险货物？

危险货物中，易于自燃的物质是易与空气中的氧发生氧化并放出较多热量的，散热不好的自燃点较低的物品属于自燃物质。虽然这些物品的品种不多，但是因为它们能自动着火燃烧，所以常常造成火灾事故。

依照自燃物质的性质和它们发生自燃的难易程度，主要有两种类型。

（1）极易氧化且自燃点低的化工产品

如白磷、三异丁基铝、硝化纤维胶片等，其特性是与空气接触后易于氧化，发生自燃后燃烧速度快，反应剧烈，放出的热量较多。

（2）含有油脂的纤维物品

这些物品在空气中发生缓慢的氧化作用,同时放出热量,如果积热不散,温度会逐渐升高,而引起自燃。如油纸、油布等物质。

## 18. 为什么黄磷离开水后会很快自燃?

黄磷又叫白磷,它是由磷元素构成的一种同素异性体。晶体状的黄磷是由四个磷原子组成的磷分子($P_4$)堆积而成的。黄磷是一种白色或黄色的蜡状固体。相对密度为1.82(20℃时),几乎不溶于水。有很低的燃点和自燃点(自燃点约为40℃左右)。

为了防止黄磷在空气中与氧化合,导致自燃,在运输与储存时,通常都把它放在水中。由于黄磷不与水反应,不溶于水,又比水重,所以黄磷在水中是很稳定地沉于水底。而且水又起到了使黄磷与空气隔绝的作用,这样黄磷就不会因氧化、放热而自燃了。

如果黄磷露置于空气中,则会较快地与空气中的氧发生氧化作用,同时放出热。当黄磷表面上积聚的热量使温度升高到自燃点(40℃左右)时,就会立即发生自燃(图5-1)。这个过程所需的时间很短,夏天,黄磷离开水后,只要表面的水分挥发干,瞬间即可发生自燃。所以,在运输过程中,由于撞击、振动、摔碰等原因,造成盛装黄磷的容器破损漏水,或装载倒置而发生封口渗漏,使黄磷露出水面时,都会发生自燃。为了防止自燃,应立即进行换装或加水,使黄磷没于水中,保证安全运输。

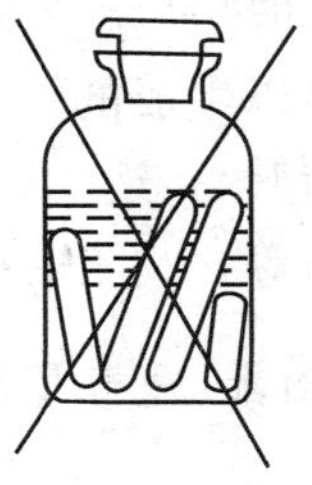

图5-1　黄磷露出水面易自燃

黄磷除有自燃的危险性外,还有很大的毒性,误服黄磷量至

0.15g时,便可致人死亡。故在处理时应特别小心。黄磷在空气中燃烧,会生成白色烟雾状的五氧化二磷($P_2O_5$)。

$$4P + 5O_2 = 2P_2O_5$$

磷　氧　五氧化二磷

五氧化二磷是一种有毒物质,吸入量较大时会使人中毒甚至致死,所以当黄磷着火燃烧时,在扑救的过程中应防止中毒。

**19. 为什么纸、布、油脂不属于自燃物质,而油纸、油布则属于自燃物质呢?**

纸、布和油脂等均为可燃性物质,在有明火点燃时,都会着火燃烧。但是,在通常情况下,它们不会自燃,所以不列为自燃物质。

虽然纸和布等纤维制品在空气中能发生氧化,如纸张在空气中长时间露置会变黄、发脆等,但是这种氧化过程非常缓慢,生成的热量会不断逸散出去,不致因积热而导致温度升高引起自燃。

油脂虽然易于氧化,但是盛于容器中的油脂与空气接触的表面积非常小,而且氧化了的油脂会结成一层硬膜而起到隔离空气的作用。由于氧化过程不能很好地进行,热量也不会积聚,温度不升高,油脂则不会自燃。

但是,当纸和布等物品经油脂处理后,制成的油纸或油布,其油脂和空气的接触面积比单纯的油脂要大得多,因而在同样长的时间内氧化放出的热量就较多。加上纸或布等纤维制品,具有很好的保温作用,所以生成的热量就难于逸散,时间一长,由于热量积聚,温度会不断升高,达到自燃点时,油纸、油布就会发生自燃。因此,油纸和油布等含油脂的纤维制品属于自燃物质。

**20. 为什么油纸、油布及其他含油脂制品要经过充分晾干后才能装运?**

通常制作油纸、油布所用的油脂为干性油类,常见的有桐油、

梓油、亚麻油等,这些油脂在空气中露置后,会氧化而结成树脂状的固体膜(习惯上把这个现象称为“晾干”)。凡是被氧化了的干性油,不但本身不能再氧化放热了,而且还可以起到隔绝空气的作用,减慢氧化速度。所谓晾干了的油纸、油布实际上就是干性油被氧化结成了固体膜的油纸、油布。由于晾干了的油纸、油布中大部分的油脂已被氧化,不能继续氧化放热,加以它们又阻碍了空气与未氧化油脂的作用,所以晾干了的油纸、油布与未晾干的油纸、油布比较,在同样长的时间内,放出的热量要少得多。而且氧化后结成了固体膜,使得油纸、油布间的空隙加大,易于散热。因此晾干了的油纸、油布在运输过程中,只要注意通风,一般是不会自燃的。

### 21. 油纸、油布的含油量与自燃有何关系?

油纸、油布等含油制品中含油量的多少与它们的自燃性的大小有着直接的关系。一般地说,物品内含油量越高,发生自燃的可能性就越大;含油量越少,发生自燃的可能性就越小。当含油量少于3%时,在通常情况下几乎不会发生自燃。所以铁路运输中把含油量高于3%的含油制品列为二级自燃物质,含油量低于3%的则可按普通货物条件运输。

为什么含油量越多,自燃的可能性就越大呢?因为含油量越多,在单位时间里因氧化而放出的热量就越多。所以,含油量越多的物品,发生自燃的可能性就越大。反之,油含量少的物品,在单位时间里因氧化而放出的热量少,发生自燃的可能性就小,甚至几乎不发生自燃。

除含油量的多少外,含油物品自燃性的大小还与纤维制品的性质有关。纤维制品的表面积越大,油脂与空气接触面也就越大,因而发生自燃的危险性就越大。反之,危险性就小。例如浸油麻绳的危险性比浸油棕绳的危险性要大。这就是因为棕绳纤维比麻纤维要粗,表面积小的缘故。

## 22. 为什么自燃物质通常采用分格透笼箱包装?

分格透笼箱是用木、竹、藤等材料制成的分格透气的笼状箱子。这种箱子的特点是四壁通风,分格散热,具有良好的通风散热性能。

自燃物质的自燃,是因为缓慢氧化,放出热量,当积热不散时,温度升高而引起的。也就是说,只有积热不散时,才会造成温度升高而引起燃烧。如果采用分格透笼箱包装自燃物质,缓慢氧化所放出的热量会不断地逸散出去,不致造成热量聚集,温度升高而自燃。

采用不分格的或四壁严密的箱子包装自燃物质,因物品氧化放出的热量难以逸散,热量积集后温度升高就易发生自燃。所以必须按规定包装进行运输。

## 23. 为什么铝铁熔剂着火后,不得用水扑救?

铝铁熔剂俗名金属洋灰,是铝粉和磁性氧化铁($Fe_3O_4$)粉末的混合物。为常用的焊接钢轨等钢铁制品的一种熔接剂。

在通常情况下,铝铁熔剂是比较稳定的,不容易发生自燃。但是,当铝粉遇水受潮后,则易于氧化放出热量,甚至引起自燃。

铝铁熔剂燃烧时,反应非常剧烈,放出大量的热,使温度很快升高到2500℃以上,而得到熔融的铁水。

$$\underset{\text{铝}}{8Al} + \underset{\text{四氧化三铁}}{Fe_3O_4} = \underset{\text{铁}}{9Fe} + \underset{\text{三氧化铝}}{Al_2O_3} + \text{热量}$$

在这样高温的条件下,如果用水去扑救,必然造成以下一些严重的后果。

①高温下,水会迅速分解,产生易燃的氢气和助燃的氧气。

$$\underset{\text{水}}{2H_2O} \xlongequal{1000℃\text{以上}} \underset{\text{氢}}{2H_2}\uparrow + \underset{\text{氧}}{O_2}\uparrow$$

②高温下水还可以和铝粉反应产生氢气。

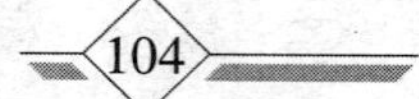

$$2Al + 6H_2O \xlongequal{高温} 2Al(OH)_3 + 3H_2\uparrow$$

铝　　水　　氢氧化铝　　氢

③高温下水也可以和铁反应产生氢气

$$2Fe + 3H_2O \xlongequal{高温} Fe_2O_3 + 3H_2\uparrow$$

铁　　水　　三氧化碳　氢

$$3Fe + 4H_2O \xlongequal{高温} Fe_3O_4 + 4H_2\uparrow$$

铁　　水　四氧化三铁　氢

这3种情况产生的氢气遇到火焰时,都有可能发生爆炸,扩大灾情。

④受水冲击的铝粉会飞扬到火灾现场,当它在空气中的浓度达到一定程度时,就会发生粉尘爆炸,进一步扩大灾情。

所以铝铁熔剂着火时,严禁用水扑救。甚至含有水的泡沫灭火器等也不得使用,可以用干燥的砂、土、灭火。

## 24. 为什么在硝化纤维胶片的装卸作业中,应使用不致因碰撞而发生火花的工具?

自燃物质中的硝化纤维胶片,是用硝化纤维作主要原料制成的各种胶片,如电影胶片,X光胶片等。

硝化纤维是一种含氮的有机化合物,极易燃烧。硝化纤维胶片亦具有硝化纤维的一些主要化学性质。对外界的作用非常敏感,特别是对明火利高温的作用更为敏感,一旦与火花接触。极易引起迅速燃烧,甚至爆炸。所以对硝化纤维胶片的装、卸、搬运作业,应做到轻拿轻放,避免撞击,不得使用因碰撞等能产生火花的工具。

## 25. 三乙基铝遇水有什么危险?

三乙基铝$(C_2H_5)_3Al$为一种无色的液体,沸点194℃,凝固点-18℃,能吸收空气中的水分,发生下列反应:

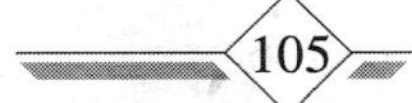

$$(C_2H_5)_3Al + 3H_2O = Al(OH)_3 + 3C_2H_6\uparrow + \text{热量}$$

三乙基铝　　水　　氢氧化铝　　乙烷

放出的热量会加速三乙基铝的氧化反应而发生自燃，故三乙基铝被列为一级自燃物质。

三乙基铝与水的反应是很剧烈的，并且放出大量的可燃性气体与热量。因而它也具有遇水放出易燃气体的物质的特性，三乙基铝遇水后会发生燃烧甚至爆炸。因此三乙基铝的运输和储存作业中，严禁与水直接接解，水上运输时，严禁把它配装在甲板上，并应防潮、防湿。三乙基铝发生火灾时，也不得用水扑救。

## 26. 自燃物质的危险性是什么？怎样防止自燃？

自燃物质的危险性主要是自燃而导致火灾事故；有的自燃物质还有毒害性，如黄磷；三乙基铝有遇水燃烧和爆炸性；自燃物质遇明火都易发生燃烧，有较强的还原性。

防止自燃物质发生自燃的措施主要是：①注意隔绝空气；②注意通风散热；③远离热源、火源；④严禁太阳照晒。

## 27. 什么叫遇水放出易燃气体的物质？

凡是与水相互作用易变成自燃物质或能放出危险数量的易燃气体的物质，叫做遇水放出易燃气体的物质。

凡遇水后发生非常剧烈的化学反应，在短时间内能产生大量的可燃性气体和热量，即遇水后容易着火燃烧，甚至爆炸的物品。如：锂（Li）、钠（Na）、钾（K）、铷（Rb）、铯（Cs）、锶（Sr）、氢化钠（NaH）、氢化钾（KH）和硼氢类等。

## 28. 为什么遇水放出易燃气体的物质遇水或受潮后会引起燃烧？

遇水放出易燃气体的物质都具有一个共同的性质，即遇水后

能发生剧烈的化学反应，同时放出可燃性气体和热量。当放出的可燃性气体的浓度达到一定程度，温度升高到可燃性气体的着火点时，则引起燃烧甚至爆炸。所以遇水放出易燃气体的物质遇水后，通常引起燃烧或爆炸。

遇水放出易燃气体的物质不仅与大量水滴相遇时能引起燃烧或爆炸，即使是吸收了空气中的水蒸气（即受潮）时，也能发生反应产生可燃气体，当这些可燃性气体在车箱或库房中达到一定浓度时，遇到火花，也能发生燃烧或爆炸。

因此，遇水放出易燃气体的物质在储存或运输中，不仅不能与水接触，即使容器破损而引起的受潮也应防止。

## 29. 为什么遇水放出易燃气体的物质有时会引起爆炸？

遇水放出易燃气体的物质一般不易引起爆炸，但以下 3 种情况下常常会引起爆炸。

①同水反应非常剧烈的遇水放出易燃气体的物质，当数量较多，又与足够的水相遇时，会立即发生爆炸。这是因为反应过于剧烈，在极短的时间内产生大量的热和可燃性气体，致使生成物的体积迅速膨胀，而发生爆炸。如大块的金属钠投入水中，会立即发生爆炸。

②遇水放出易燃气体的物质容器的 爆炸，当遇水放出易燃气体的物质的容器中渗入了水或水蒸气时，由于反应而放出气体，如果产生的气体又不能从容器中逸散，就会在容器内造成一定的压力。这时如再经受热、振动、冲击等作用，就极易引起容器的爆炸。如没有充氮气，又没有放气孔的电石桶的爆炸就属于这种情况。

③当遇水放出易燃气体的物质受潮或遇水后，放出的可燃性气体聚积在放置的空间（车内、库房内）不散时，达到一定的浓度，遇明火或火花也会发生爆炸。

## 30. 为什么镁铝粉列为遇水放出易燃气体的物质?

镁粉和铝粉都是易燃固体。镁粉和铝粉的混合体(镁铝粉)则属于遇水放出易燃气体的物质。

金属镁和金属铝的化学性质虽然比较活泼,可与水反应,生成氢氧化镁与氢氧化铝。

$$\underset{\text{镁}}{Mg} + \underset{\text{水}}{2H_2O} = \underset{\text{氢氧化镁}}{Mg(OH)_2} + \underset{\text{氢}}{H_2}\uparrow$$

$$\underset{\text{铝}}{2Al} + \underset{\text{水}}{6H_2O} = \underset{\text{氢氧化铝}}{2Al(OH)_3} + \underset{\text{氢}}{3H_2}\uparrow$$

但是,氢氧化镁和氢氧化铝难溶于水,它们附在金属镁与铝的表面,形成一层保护膜,阻止了镁、铝继续与水作用。所以当金属镁或铝在常温下单独与水作用时,其反应被认为是不能进行的,更不会引起燃烧或爆炸。所以,镁粉与铝粉不属于遇水放出易燃气体的物质。因为加热时能燃烧,所以皆属易燃固体。

当镁粉与铝粉混合后,再与水作用,这时生成的氢氧化铝和氢氧化镁能够相互反应,反应后生成偏铝酸镁。

$$\underset{\text{氢氧化镁}}{Mg(OH)_2} + \underset{\text{氢氧化铝}}{2Al(OH)_3} = \underset{\text{偏铝酸镁}}{Mg(AlO_2)_2} + \underset{\text{水}}{4H_2O}$$

由于这个反应的进行使得金属镁和铝表面生成的氢氧化物保护膜被破坏,于是镁粉和铝粉就可以不断地与水发生反应。又由于粉末的表面积较大,所以反应进行得很剧烈。同时放出大量的热和可燃性气体,从而导致燃烧或爆炸。

## 31. 为什么钠、钾等活泼金属须浸没于矿物油或液体石蜡中储存?

钠、钾是一类化学性质特别活泼的金属,露置于空气里,会与空气中的一些物质起化学反应,从而引起变质和造成其他危险。

钠、钾能与空气里的氧作用,引起变质。

$$4\ Na + O_2 = 2\ Na_2O$$

钠　氧　　氧化钠

$$4\ K + O_2 = 2K_2O$$

钾　氧　　氧化钾

钠、钾也易吸收空气中的水分,发生反应,置换出氢气。

$$2Na + 2H_2O = 2NaOH + H_2 \uparrow$$

钠　　水　　氢氧化钠　氢

$$2K + 2H_2O = 2KOH + H_2 \uparrow$$

钾　　水　　氢氧化钾　氢

由于这些金属不与煤油、石蜡等反应,所以可以把钠、钾等活泼金属浸没于这些矿物油中储存,使它们与空气中的氧和水蒸气隔离。

不同金属的化学性质相差很大。金和银在高温下也很稳定。而铜和铁在高温下则不太稳定。还有一些金属如钾、钠等,即使在常温下也很不稳定,能和水、氧发生剧烈反应。这些在常温下不稳定的金属通常称它们为活泼金属。

在化学上,活泼金属主要是指周期表中第Ⅰ、第Ⅱ类的主族元素。即:锂、钠、钾、铷、铯、铍、镁、钙、锶、钡等金属。

活泼金属中的铍和镁因活泼性相对地差一些,与冷水作用很慢,并且在它们的表面能生成一层难溶的氢氧化物,阻止了铍和镁与水进一步作用,所以不属于遇水放出易燃气体的物质。其他的活泼金属都能与水发生剧烈反应,同时放出大量的热和可燃的氢而引起燃烧或爆炸。

### 32. 何谓钠汞齐和钾汞齐?

汞(Hg)俗称水银,呈银白色,它是常温下唯一的一种液态金属。

汞具有溶解多种金属或其他物质的性质。

金属溶解到汞里所形成的溶液,统称为汞齐。“齐”是我国古代劳动人民对合金的一种称呼。因此汞齐又可称为汞合金。汞合金是一种溶液。这种溶液有呈固体状态的,也有呈液体状态的。当其溶剂汞的数量较少时,呈固体状态;溶剂汞的数量很多时,呈液体状态,在大多数情况下是固态。

由金属钠溶解到汞里所形成的合金,称为钠汞合金或钠汞齐。由金属钾溶解到汞里所形成的合金,称为钾汞合金或钾汞齐。

因为,溶质在溶液中保持一定的原有特性。所以金属钠和金属钾溶解到汞里以后,也基本上保持了它原有的一些主要性质。钠汞齐和钾汞齐中的钠、钾亦会与水发生反应,不过随着数量和状态的改变,与水反应的速度要缓慢些。所以这两种物质被列为遇水放出易燃气体的物质。

由于钠汞齐、钾汞齐及其他一切汞齐中都含有金属汞,而汞的蒸气具有较大的毒性,所以要小心处理,防止中毒。

## 33. 为什么活泼金属氢化物遇水能引起燃烧?

通常把周期表中第Ⅰ、Ⅱ类主族元素与氢形成的二元化合物,称为活泼金属氢化物。如氢化钾(KH)、氢化钙($CaH_2$)等等。在这些化合物中氢原子得到电子,形成了负离子($H^-$)。

氢原子通常都是易于失去电子,变成正离子($H^+$)的。可是在活泼金属氢化物中,由于活泼金属比氢更容易失去电子,氢原子就只好“被迫”得电子形成负离子。这样就使得活泼金属氢化物不稳定,在潮湿的空气中,会迅速吸收空气中的水分而水解,水解时所放出的热甚至会引起它们的自燃。氢化钠在潮湿的空气中就会因水解放热而发生自燃。

$$NaH + H_2O \longrightarrow NaOH + H_2\uparrow$$

氢化钠　　水　　　氢氧化钠　氢

活泼金属氢化物与水的作用,甚至比活泼金属与水的作用还要激烈,更易引起燃烧或爆炸。所以在运输中应注意轻拿轻放,防止容器的破损。

## 34. 为什么遇水放出易燃气体的物质不能与桶装的二硫化碳配装?

二硫化碳的性质,与遇水放出易燃气体的物质的性质不"抵触",所以采用玻璃瓶小包装(6 号包装)时,按"危险货物配装表"的规定,可以和遇水放出易燃气体的物质配装。

但是,当二硫化碳采用大铝桶或铁桶装运时,为了防止二硫化碳的挥发,桶装二硫化碳的液面上覆盖一层水。这样就使桶装二硫化碳成了含水的液体货物了,如果它与遇水放出易燃气体的物质配装和储放在一起,万一撒漏就会造成燃烧或爆炸事故,因此,桶装的二硫化碳不得与遇水放出易燃气体的物质配装。

## 35. 为什么充有氮气的电石桶可以不要放气孔?

电石不仅与水接触会引起剧烈反应,而且能从空气中吸收水分,并与之发生化学反应,放出可燃性的乙炔气。如果这个反应是在密闭铁桶里进行的,放出的乙炔气多了,铁桶就会发生气胀。此时,应细心将放气孔拧开,放出气体,千万不可轻易搬动、冲击和振动,否则,就可能造成爆炸的危险。

为了防止电石桶气胀爆炸,一般的电石桶上都设有一放气孔,以便使反应产生的气体能及时地通过放气孔逸散,不致造成危险。

另一种办法是在开始盛装电石时,充入性质不活泼和不与电石发生反应的氮气,从而把铁桶里的空气和水蒸气排挤出来。桶内没有了水分,也就不会发生气胀和爆炸危险。所以充有氮气的电石桶,密封后可以不留放气孔。

## 36. 为什么不能用酸碱或泡沫灭火器扑救遇水放出易燃气体的物质？

酸碱灭火器内分别装有碳酸氢钠（或碳酸钠）水溶液和硫酸。泡沫灭火器内分别装有碳酸钠（或碳酸氢钠）水溶液和硫酸铝水溶液。在这两种灭火器里，都存在着很多的水分和酸液。而水、酸在性质上又是和遇水放出易燃气体的物质相“低触”的，有引起燃烧和扩大火灾的危险。

①遇水放出易燃气体的物质与水作用，放出大量可燃性气体和热量：

$$2Rb + 2H_2O = 2Rb(OH)_2 + H_2\uparrow + \text{热量}$$

铷　水　氢氧化铷　氢

②遇水放出易燃气体的物质与硫酸作用时，反应比与水作用还要剧烈，而且也能放出大量可燃性气体和热量：

$$2Na + H_2SO_4 = Na_2SO_4 + H_2\uparrow + \text{热量}$$

钠　硫酸　硫酸钠　氢

故酸碱及泡沫灭火器不能用来扑救遇水放出易燃气体的物质，否则就如同往遇水放出易燃气体的物质上加水，会引起更大的火灾。

## 37. 遇水放出易燃气体的物质主要有哪些危险？怎样防护？

遇水放出易燃气体的物质的主要危险性有：

（1）遇水燃烧性

遇水放出易燃气体的物质遇水会引起剧烈反应，放出可燃性气体和热量。这些可燃气体达到一定浓度时，当温度升高或遇明火，皆能起火燃烧；

（2）爆炸性

遇水放出易燃气体的物质中的电石等物品，由于气胀及装卸、

搬运不小心,有发生爆炸的危险。反应后所放出的可燃气体与空气混合达到一定数量时,遇明火也有引起爆炸的可能;

(3)毒害性

尤其是其中的钠汞齐、钾汞齐和硼氢类物品,具有较大的毒性,接触人体会引起中毒;

(4)自燃性

主要是硼氢类物品,有自燃起火的危险。其次是一些极活泼的金属及其氢化物在空气中露置时有时也能发生自燃。

为了确保此类物品的运输安全,应采取必要的防护措施:

①注意防水、防潮,在无防护设备和未采取防护措施的情况下,不许在雨天和雪天作业;

②装卸作业时不得翻滚、撞击、倾倒等,要求轻拿轻放;

③储运场所应注意通风,以使受潮后产生的可燃性气体及时扩散,不致达到着火及爆炸的浓度。

# 第六章 氧化性物质和有机过氧化物

## 1. 什么是氧化反应？什么是还原反应？

氧化反应和还原反应有狭义的和广义的两种涵义。

(1)狭义涵义

物质与氧化合(物质得到氧)的反应是氧化反应。含氧物质失去氧的反应是还原反应。例如：

$$2Cu + O_2 \xlongequal{加热} 2CuO \tag{6-1}$$

铜 氧气 氧化铜

$$CuO + H_2 \xlongequal{加热} Cu + H_2O \tag{6-2}$$

氧化铜 氢气 铜 水

在式(6-1)中，铜得到氧生成氧化铜是氧化反应；在式(6-2)中，氢气得到氧生成水也是氧化反应。另一方面，在式(6-1)中，氧气失去自身生成氧化铜是还原反应；在式(6-2)中，氧化铜失去氧生成铜也是还原反应。由此可见，氧化反应和还原反应总是同时发生而又不可分割的，故合称氧化－还原反应。

(2)广义涵义

若从元素的化合价在反应前后有无变化的角度来分析，我们将发现在氧化-还原反应中，元素的化合价在反应前后有变化，而且化合价升高的反应是氧化反应，化合价降低的反应是还原反应。例如：

化合价升高(失去电子)

氧化反应

$$2\overset{0}{Cu}+\overset{0}{O_2}=\!=\!=2\overset{+2}{Cu}\overset{-2}{O}$$

还原反应

化合价降低(获得电子)

化合价升高(失去电子)

氧化反应

$$\overset{+2}{Cu}\overset{-2}{O}+\overset{0}{H_2}=\!=\!=\overset{0}{Cu}+\overset{+1}{H_2}\overset{-2}{O}$$

还原反应

化合价降低(获得电子)

若从原子结构理论来解释氧化-还原反应,元素化合价升高是由于原子失去部分电子的结果;元素化合价降低是由于原子获得部分电子的结果。因此,失去电子的反应是氧化反应,获得电子的反应是还原反应。

用化合价的变化和得失电子的关系来说明氧化-还原反应,不仅揭露了氧化-还原反应的实质,而且扩大了氧化-还原反应的范围。没有氧参加的情况下,同样能发生氧化-还原反应。例如:

$$\overset{0}{H_2}+\overset{0}{Cl_2}=\!=\!=2\overset{+1}{H}\overset{-1}{Cl}$$

$$\overset{0}{Mg}+\overset{0}{I_2}=\!=\!=\overset{+2}{Mg}\overset{-1}{I_2}$$

## 2. 什么是氧化性物质?什么是还原剂?

在氧化-还原反应中,凡能使其他物质进行氧化反应的物质叫做氧化性物质,凡能使其他物质进行还原反应的物质叫做还原剂。

铜与氧反应生成氧化铜,其中氧气为氧化性物质,铜为还原剂;氧化铜与氢反应,生成水和铜,其中氧化铜为氧化性物质,氢气为还原剂。

氧化性物质在反应中进行的是还原反应,还原剂进行的是氧化反应。因此,能氧化其他物质而自身被还原的物质叫做氧化性物质;能还原其他物质而自身被氧化的物质叫做还原剂。氧化性物质在反应中自身被还原,还原是获得电子的反应,故获得电子的物质是氧化性物质。还原剂在反应中自身被氧化,氧化是失去电子的反应,故失去电子的物质是还原剂。

### 3. 什么是有机过氧化物?它有哪些特殊危险性?

有机过氧化物是指含有二价过氧基—O—O—的有机物。它是一个或两个氢原子被有机原子团取代的过氧化氢的衍生物。

有机过氧化物遇热不稳定。它可以放热并因而加速自身的分解。并具有以下多种特性:

①易于爆炸性分解;

②速燃;

③对碰撞和摩擦敏感;

④与其他物质发生危险的反应;

⑤损伤眼睛。

有机过氧化物受热、与杂质接触、摩擦或碰撞易于放热分解。分解速度随着温度增加。并随有机过氧化物成分不同而不同。分解可能产生有害或易燃气体或蒸气。应当避免眼睛与有机过氧化物接触。在运输中,含有机过氧化物的包装件或集装箱必须避免阳光直射,远离各种热源。

### 4. 为什么有机过氧化物在运输中必须进行温度控制?

在运输中,有机过氧化物必须进行温度控制。条件是:

①自身加速分解温度(SADT)≤50℃的B型和C型有机过氧化物;

②自身加速分解温度≤50℃在封闭条件下加热表现在度效应的D型有机过氧化物,或自身加速分解温度≤45℃在封闭条件下加热表现微弱效应或无效应的有机过氧化物。

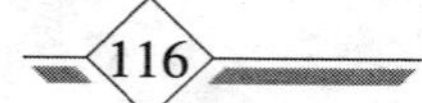

③自身加速分解温度≤45℃的 E 型和 F 型有机过氧化物。

### 5. 什么叫自行加速分解温度?

自行加速分解温度是指某物质在运输中使用的包装物内可能发生自行加速分解的最低温度。

### 6. 如何判断有机反应中的氧化—还原反应?

在无机反应中以电子的得失或化合价的变化来判断氧化—还原反应。

在有机反应中，由于大多数有机化合物都是以共价键组成的，它们分子内的原子间没有明显的电子得失，很少有化合价的变化。所以，用电子的得失或化合价的变化判断有机反应是否为氧化—还原反应比较困难。

由于有机反应中的氧化—还原反应都和氧的得失或和氢的得失联系在一起，故在有机反应中一般把与氢化合或失去氢的反应叫氧化反应，把与氧化合或失去氧的反应叫还原反应。把在反应中失去氧或获得氢的物质叫氧化性物质，把获得氧或失去氢的物质叫还原剂。例如：

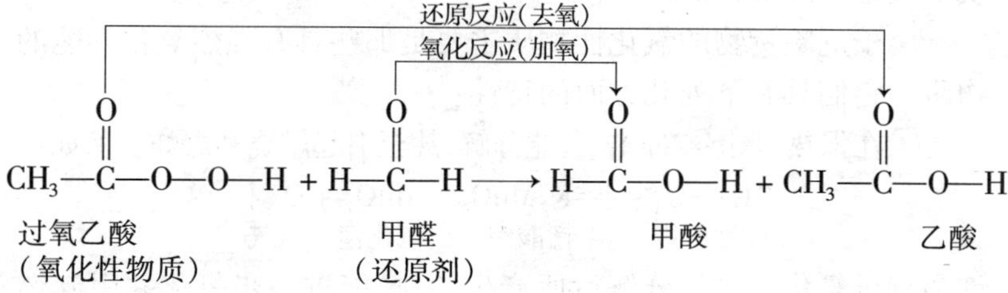


### 7. 什么是自偶氧化—还原反应?

自偶氧化—还原反应是指同一种物质分子内进行的氧化—还原反应，使分子内某些部分被氧化，另一些部分被还原。例如：

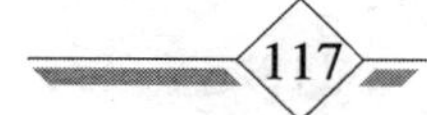

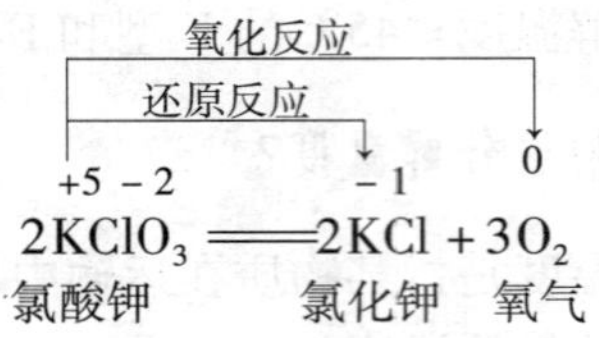


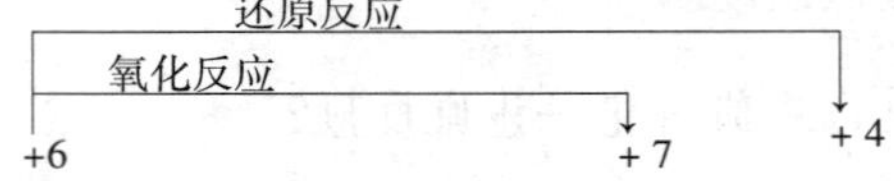


$$3K_2MnO_4 + 2H_2SO_4 = 2KMnO_4 + MnO_2 + 2K_2SO_4 + 2H_2O$$

锰酸钾　　硫酸　　高锰酸钾　二氧化锰　硫酸钾　　水

自偶氧化—还原反应又称歧化反应。很多爆炸反应都属于此类反应。氧化性物质的危险性也往往由于它们能进行歧化反应。

**8. 危险货物中的氧化性物质指的是什么？它们有哪些特性？**

氧化性物质大都含有能分解并能氧化其他物质的氧,或含有高价或较高价的元素,或含有能获得电子的原子。氧化性物质都具有氧化性。

能充当氧化性物质的物质很多,它们的氧化能力有强有弱,很活泼的有一定的危险性,比较稳定的没有危险性。因此,氧化性物质不全是危险货物。

属于危险货物的氧化性物质主要是那些具有强烈氧化性能的物质。它们具有下列几方面的特性:

①在强热、摩擦或冲击下,能分解,甚至引起燃烧和爆炸。例如:

$$2KMnO_4 = K_2MnO_4 + MnO_2 + O_2\uparrow$$

高锰酸钾　　锰酸钾　二氧化锰　氧气

许多有机氧化性物质分解后所产生的氧,能进一步氧化并引起燃烧或爆炸。

②遇酸碱或受潮湿能分解,甚至引起燃烧和爆炸。例如:

$$2Na_2O_2 + 2H_2O = 4NaOH + O_2\uparrow$$

过氧化钠　　水　　氢氧化钠　氧气

③与易燃物、有机物或还原剂接触，很容易引起燃烧和爆炸。氧化性物质和易燃物混合后组成爆炸混合物。大多数有机物都能燃烧，在氧化性物质的强烈氧化下，能引起燃烧。氧化性物质和还原剂混合，极易引起氧化-还原反应。

### 9. 危险货物中的氧化性物质怎样分类？

危险货物中的氧化性物质，可分为无机氧化性物质和有机氧化性物质两大类。再根据其氧化能力相对强弱和分解条件的相对难易，分为一级和二级两种。即：

一级无机氧化性物质；二级无机氧化性物质；

一级有机氧化性物质；二级有机氧化性物质。

### 10. 为什么氧化性物质中的过氧化物有强氧化性？

过氧化物不同于一般的氧化物。它所含有的氧要超过正常氧化物所含有的氧。如氢和氧组成的双氧水 $H_2O_2$ 即为过氧化物。

从原子结构角度看，氢原子核外只有一个电子，失去后其化合价表现为正 1 价。氧原子核外最外层有 6 个电子，非常容易获得两个电子表现为负 2 价的稳定结构。在水分子 $H_2O$ 中，这种要求恰好满足，即两个氢原子共失去两个电子，氧获得两个电子使其结构稳定。故水分子的结构式可写作 H—O—H，过氧化氢 $H_2O_2$ 的情况就不同了，两个氢原子总共只能失去两个电子，而两个氧原子总共要求获得四个电子。因此，氢失去的电子数不能满足氧的需要。所以过氧化氢分子的结构式可写作 H—O—O—H，其中—O—O—叫做过氧基。在过氧化氢分子中，由于氧获得的电子不足，随时都有进一步获得电子的可能，因而过氧化氢不稳定，很容易分解。分解后游离出一个氧原子，这个氧原子再去氧化其他物质，从其他物质中获得电子，所以过氧化氢有强氧化性。

$$H_2O_2 = H_2O + [O]$$
过氧化氢　水　氧原子

任何含有过氧基的物质——过氧化物和过酸都具有强氧化性。

另外，过氧化物和过酸遇到水、酸或二氧化碳时，将加速它们的分解，使其氧化性更突出。例如：

$$Na_2O_2 + 2H_2O = 2NaOH + H_2O_2$$
过氧化钠　水　氢氧化钠　过氧化氢

$$Na_2O_2 + H_2SO_4 = Na_2SO_4 + H_2O_2$$
过氧化钠　硫酸　硫酸钠　过氧化氢

$$H_2O_2 = H_2O + [O]$$

$$Na_2O_2 + CO_2 = Na_2CO_3 + [O]$$
过氧化钠　二氧化碳　碳酸钠　氧原子

和过氧化物类似的超氧化物（含有超氧根 $-O_2$）和臭氧化物（含有臭氧根 $-O_3$），由于它们含有更多的氧，结构更不稳定，更容易分解，氧化性也更强。

因此，对氧化性物质中这类物质的包装要求坚固、严密，并注意防潮、防酸、防晒，不和易燃物质接触，搬运装卸要轻拿轻放，以保证运输的安全。

## 11. 为什么有机氧化性物质比无机氧化性物质有更大的危险性？

有机氧化性物质和无机氧化物比较具有下列特点：

①有机氧化性物质比无机氧化性物质更容易分解。有机氧化性物质的分解温度一般在150℃以下，而无机氧化性物质的分解温度一般在200℃以上。由此可见，有机氧化性物质的稳定性比无机氧化性物质差，危险性相对亦大。同样道理，有机氧化性物质对摩擦、撞击等因素也比无机氧化性物质敏感。

②有机氧化性物质大多为可燃性物质，有的甚至是易燃性物质。所以，有机氧化性物质分解产生的氧往往能引起自身的燃烧，

燃烧放出热量又加速了氧化性物质的分解和燃烧。无机氧化性物质中绝大多数是不燃性物质。

③有机氧化性物质的组成比较复杂，主要由碳氢、氧、氮等元素组成。有机氧化性物质分解时比无机氧化性物质也复杂。无机氧化性物质分解后一般只产生少量的气体物质，有机氧化性物质分解后的产物，几乎都是气体或易挥发的物质。因而，有机氧化性物质在分解时往往能引起爆炸。因此，有机氧化性物质比无机氧化性物质有更大的危险性。

## 12. 什么是硝酸盐？为什么硝酸盐都具有氧化性？

化学上盐的概念较为广泛，凡由金属离子（包括铵离子 $NH_4^+$）和酸根离子组成的化合物都叫做盐。例如：氯化钠 NaCl，硫酸钾 $K_2SO_4$，磷酸钙 $Ca_3(PO_4)_2$，碳酸钠 $Na_2CO_3$（日常生活中称纯碱或碱）等。

硝酸盐就是由金属离子和硝酸根离子（$NO_3^-$）组成的一类化合物。如硝酸铵 $NH_4NO_3$，硝酸钾 $KNO_3$，硝酸钠 $NaNO_3$ 等。

硝酸盐都具有氧化性，因为硝酸盐分子中都含有硝酸根离子（$NO_3^-$）。在硝酸根离子中氮的化合价是正 5 价（失去 5 个电子后所处的状态），这种高价状态的氮很容易获得电子使其化合价降低，能使别的物质氧化，所以硝酸盐都具有氧化性。

硝酸盐很不稳定，固体硝酸盐受热时容易分解放出氧。其中最活泼金属的硝酸盐分解后生成亚硝酸盐和氧，其余大部分金属的硝酸盐分解为金属氧化物，二氧化氮和氧。硝酸铵则分解为水和一氧化二氮，高温时生成水、氮气和氧气。例如：

$$2KNO_3 = 2KNO_2 + O_2 \uparrow$$

硝酸钾　　亚硝酸钾　氧

$$2Pb(NO_3)_2 = 2PbO + 4NO_2 + O_2 \uparrow$$

硝酸铅　　氧化铅　二氧化氮　氧

$$NH_4NO_3 = 2H_2O + N_2O$$

硝酸铵　　　　水　一氧化氮

$$2NH_4NO_3 = 4H_2O + 2N_2 + O_2$$

硝酸铵　　　　水　氮　氧

若有还原剂或易燃物质存在，硝酸盐所分解出来的氧能立即将其氧化并可能引起燃烧和爆炸。

## 13. 为什么硝酸盐与硝酸、发烟硝酸可以配装，而与硫酸、发烟硫酸、氯磺酸不得配装？

硝酸的化学组成是 $HNO_3$，它能和水以任何比例混合。一般的硝酸是指相对密度 1.42，含 $HNO_3$68% ~70% 的水溶液。发烟硝酸是指含 $HNO_3$86% ~97.5% 以上的浓硝酸。硝酸或发烟硝酸都具有强腐蚀性，属于危险货物中腐蚀性物质类。硝酸或发烟硝酸都不稳定，容易分解，温度增高分解得更快，80℃以上几乎完全分解。

$$4HNO_3 = 2H_2O + 4NO_2 + O_2$$

硝酸　　　　水　二氧化氮 氧

分解后生成氧，所以硝酸或发烟硝酸都具有强氧化性。

由于硝酸、发烟硝酸和硝酸盐在组成中都含有硝酸根，因而在它们之间不可能进行其他化学变化而增加危险性。所以，硝酸盐与硝酸、发烟硝酸可以配装。

硫酸的化学组成是 $H_2SO_4$，通常是指相对密度 1.84 含硫酸 98% 的浓溶液。发烟硫酸是三氧化硫 $SO_3$ 溶于浓硫酸而成的，其组成可用 $H_2SO_4 \cdot nSO_3$ 表示。氯磺酸的化学组成是 $SO_2(OH)Cl$，能部分分解或与水作用生成硫酸。硫酸、发烟硫烟、氯磺酸都具有强腐蚀性，属于腐蚀性物质。由于它们在受热或受潮时都能产生硫酸，硫酸又能和硝酸盐进行反应生成挥发性的硝酸，例如：

$$KNO_3 + H_2SO_4 = KHSO_4 + HNO_3$$

硝酸钾　　硫酸　　硫酸氢钾　　硝酸

这样使稳定性较差的硝酸盐变为稳定性更差的硝酸，从而提高了它们的氧化能力，增加了它们的危险性。为了安全，应防止硝酸盐和硫酸、发烟硫酸、氯磺酸之间接触而造成危害，因此硝酸盐和硫酸、发烟硫酸、氯磺酸不得配装，也不得存放同一地点。

**14. 为什么硝酸盐以外的其他无机氧化性物质与硝酸、发烟硝酸、硫酸、发烟硫酸、氯磺酸都不得配装?**

除硝酸以外的其他无机氧化性物质主要有过氧化物、亚硝酸盐、高氯酸盐、氯酸盐、亚氯酸盐、次氯酸盐、高碘酸盐、碘酸盐、溴酸盐、重铬酸盐、过酸盐、高锰酸盐、高铼酸盐等。这些氧化性物质有一个共同的特点就是可以和酸进行复分解反应。例如：

$$Na_2O_2 + H_2SO_4 \xlongequal{} Na_2SO_4 + H_2O_2$$

过氧化钠 硫酸 硫酸钠 过氧化氢

$$NaNO_2 + HNO_3 \xlongequal{} NaNO_3 + HNO_2$$

亚硝酸钠 硫酸 硝酸钠 亚硝酸

$$2NaClO_4 + H_2SO_4 \xlongequal{} Na_2SO_4 + 2HClO_4$$

高氯酸钠 硫酸 硫酸钠 高氯酸

复分解后生成相应的酸(包括过氧化氢)。都是很不稳定的，极易分解，除个别的(如 $H_2O_2$)外大多数在常温下不能存在。例如：

$$2HClO_3 \xlongequal{} 2HCl + 3O_2$$

氯酸 盐酸 氧

正因为如此，这些无机氧化性物质遇到酸时都降低了它们的稳定性，使其更容易分解并放出氧，从而氧化性更为突出。

因此，不得将硝酸盐以外的无机氧化性物质和硝酸、发烟硝酸、硫酸、发烟硫酸、氯磺酸以及其他强酸配装在一起，存放时应保持一定的间隔，最好是专库管理。

**15. 为什么无机氧化性物质中的亚硝酸盐、亚氯酸盐、次氯酸盐以及漂粉精、漂白粉等不得与其他氧化性物质配装?**

无机氧化性物质中的亚硝酸盐,都含有亚硝酸根离子($NO_2^-$)。在亚硝酸根离子中,氮的化合价为+3,说明它失去了3个电子。但是,氮的化合价可以表现为-3、0、+1、+2、+3、+4、+5等多种形式,即可以在获得3个电子到失去5个电子的范围内变化。因而,亚硝酸盐遇还原剂时表现为氧化性;遇强氧化性物质时表现为还原性。作为氧化性物质亚硝酸盐有危险性。作为还原剂它能造成强氧化性物质的危险性。所以,亚硝酸盐不仅不能和还原剂装在一起,也不能和其他氧化性物质配装在一起。

同理,亚氯酸盐和次氯酸均不能和还原剂、其他氧化性物质配装。

漂粉精的主要成分是次氯酸钙 $Ca(ClO)_2$、漂白粉的主要成分是次氯酸钙和氯化钙的复盐 $CaCl(ClO)$,和次氯酸盐相同也不能和其他氧化性物质配装。

**16. 为什么在多数情况下无机氧化性物质和有机氧化性物质不得配装,而个别能够配装的还要隔离?**

危险货物中氧化性物质都含有氧,而且能够分解放出氧。所以危货中的氧化性物质都具有助燃性质。绝大多数的有机氧化性物质除了具有氧化性之外,还能进行燃烧。为了防止燃烧而造成危害,故原则上无机氧化性物质和有机氧化性物质不得配装。由于无机氧化性物质的氧化性较差,助燃性也较差。有机氧化性物质的氧化性较差,可燃性也较差。所以无机氧化性物质和有机氧化性物质可以配装,但应保持一定的间离。

**17. 为什么无机氧化性物质与有机氧化性物质不能和危险货物中的易燃物质与遇水燃烧物质配装?**

无机氧化性物质和有机氧化性物质都是氧化性能和助燃性能

很强的物品,若和可燃性物品特别是易燃物质接触很容易引起燃烧。所以,氧化性物质不得和易燃物质配装。

遇水放出易燃气体的物质虽然本身并不能燃烧或不易燃烧,但当其和水接触后却能产生大量的易燃气体。同时为了保护遇水放出易燃气体的物质不受水的影响,往往将它们浸泡在有机液体中,这些有机液体多为易燃品。因此,氧化性物质不得与遇水放出易燃气体的物质配装。

## 18. 为什么氧化性物质不得与松软的粉状可燃物配装?

松软的粉状可燃物(如煤粉、焦粉、炭黑、硫磺、糖、淀粉、锯末、刨花等)和空气接触面大,容易燃烧。以刨花和木块比较,一根火柴可以立即将刨花引燃,一根火柴却很难将木块点着。因为刨花松软和空气接触面大,所以燃烧就比较容易。同理,块状的焦炭和块状的硝酸钾混在一起,再和明火接触,也不会发生明显的燃烧现象。但将焦粉和硝酸钾粉末混合在一起,再用明火接近,就可以迅速地燃烧起来。因为前者可燃物(焦炭)和助燃物(硝酸钾)的接触面小,后者的接触面大。因此,氧化性物质不得和松软的粉状可燃物配装。

另外,粉状的氧化性物质和粉状的可燃物均匀混合后形成爆炸混合物,不仅有燃烧的危险,而且有爆炸的危险。

## 19. 漂粉精和漂白粉、漂白液有何区别?

漂粉精的主要成分是次氯酸钙 $Ca(ClO)_2$,一般含有效氯(相当于次氯酸 HClO 中氯的含量)约 70%。漂白粉实际上是氯化钙 $CaCl_2$ 和次氯酸钙 $Ca(ClO)_2$ 所组成的复盐,其分子式常用 CaCl(ClO)或 $CaOCl_2$ 来表示。和漂粉精比较漂白粉中所含的次氯酸根只有漂粉精中的一半,所以有效氯的含量约为 35%。漂白液是次氯酸钠 NaClO 或次氯酸钙溶液的别名,由于是溶液,其有效氯的含量远低于漂粉精。

漂粉精、漂白粉、漂白液中都含有次氯酸盐的成分，它们都具有氧化性。漂粉精含有次氯酸盐最多，氧化性也最强，故属于氧化性物质类。漂白粉和漂白液氧化性稍差，其腐蚀性较为突出，故属于腐蚀性物质类。

固体次氯酸盐受热能分解并放出氧气，吸收空气中的二氧化碳和水分后能反应生成氯气和氧气。其分解出来的氧和氯都具有强的氧化性，能漂白有色物质，能引起易燃物质的燃烧，并能引起爆炸。漂粉精的主要成分是次氯酸盐，所以具有危害性。漂白粉和漂白液虽属于腐蚀性物质，因其含有次氯酸盐的成分，仍具有氧化性，由于其氧化性而引起危险事故曾有发生，应引起重视。

**20. 为什么含水量在50%以上的氧化性物质可按普通货物运输？**

氧化性物质有的呈晶体状态或粉末状，有的呈液体状态。氧化性物质溶于水形成水溶液后，其性能也有变化。

(1)氧化性物质溶于水后则提高了稳定性。例如高锰酸钾、氯酸钾等的水溶液在加热沸腾的情况下，很难发生分解反应。因此，氧化性物质的水溶液要比单独的氧化性物质稳定得多。

(2)氧化性物质在水溶液中进行的氧化—还原反应和单独存在时所进行的反应不同。单独的氧化性物质在进行氧化—还原反应时，首先进行自偶氧化—还原反应(分解反应)放出原子氧，然后原子氧再和还原剂作用。若无还原剂存在，原子氧将自相结合变为分子氧。氧化性物质在水溶液中有的可以进行歧化反应，有的氧化性物质在水溶液中和还原剂进行氧化—还原反应时，不经历氧的变化，而是氧化性物质中化合价高的元素直接获得还原剂中的电子变为化合价低的状态。由于没有中间过程，也不产生氧，虽然有时反应剧烈，但一般不会发生燃烧和爆炸现象。

由此氧化性物质的水溶液比单独的氧化性物质安定得多。所以含水量在50%以上的氧化性物质可以按普通货物运输。但应注意防护。

## 21. 用铁桶包装的氧化性物质，为什么应特别注意防护？

在装卸、搬运和运输过程中，由于铁桶之间，铁桶和铁器之间的碰撞、摩擦容易产生高温，甚至火星。加上铁桶包装容易传递热量，能使桶内的氧化性物质受热。另外，金属容器容易受撞击变形，使桶内的氧化性物质受到剧烈振动、冲击和摩擦。受热、摩擦、振动、冲击等都是造成氧化性物质分解的条件。铁桶包装则比较容易形成这些条件，所以需要特别注意防护。在装卸作业中，不能摔碰、拖拉、摩擦、翻滚，不能使用撬棍等铁质工具，搬运工具和装卸机械应有防止产生火花的装置和必要的衬垫，堆码要牢固，层与层之间应用木板等衬垫隔离。

另外，换桶包装的强度较大，内部能承受较大的压力。桶内氧化性物质产生缓慢分解所生成气体的压力不够大时，铁桶可以承受而不会立即爆炸。但分解反应继续进行，产生的气体越来越多，这样，铁桶包装的一级氧化性物质，造成的危险不一定在当时，可能在事后。因而更需要特别加以防护。

## 22. 为什么不能用铁质工具粉碎硝酸铵？

硝酸铵在急剧加热至400℃左右或受到猛烈撞击时，分解速度异常迅速，能引起爆炸。铜、锌、铝、铅、铁等金属对硝酸铵的分解反应有催化作用。

硝酸铵在受潮结块时，千万不能使用铁质工具敲击，更不能猛力敲击。因为敲击本身能使硝酸铵分解，敲击能因摩擦生热或产生火星而使硝酸铵分解。而且金属工具对硝酸铵分解的催化作用能带来更大的危险。由于硝酸铵受潮结块只是在外面形成一个较硬壳层，内部并未受潮。所以用铁质工具粉碎具有很大的危险。如必须粉碎时，可采用木质或柔质工具慢慢地进行压碎或轻轻地敲击。

## 23. 为什么不可用水扑救金属过氧化物?

金属过氧化物，有机过氧化物，有机过酸及其衍生物不同程度地都可以和水作用生成氧气。分解作用后生成的氧是一种助燃气体，能够帮助燃烧，增大火势，所以不可选择用水扑救造成火灾这些物质。

只要泡沫灭火器中用的药剂是水溶液，也不能应用。

个别过氧化物或过酸物质和水反应较慢，水解后生成的氧不多，助燃的能力不大，大量水进行扑救火灾时不致造成火势的扩大，在这种情况下用水扑救是可以的。

金属过氧化物发生火灾时，最好用砂土、干粉、二氧化碳等进行消防，这样不仅可以杜绝氧的产生而且可以防止氧化性物质的流失而造成的危害。

## 24. 氧化性物质有哪些危害性?

氧化性物质的主要危害性有下列几个方面:

(1)氧化性或助燃性

危险货物中的氧化性物质都是容易分解放出氧的物质，均具有较强的氧化性，遇易燃物质或还原剂能引起剧烈的氧化并发生燃烧。

(2)爆炸性

许多氧化性物质，尤其是有机氧化性物质，在受热、撞击、摩擦等作用下，能引起迅速分解，产生气体和热量，故有爆炸的危险。氧化性物质与粉状可燃物混合后组成爆炸混合物，爆炸危险更为突出。氧化性物质和粉状可燃物飞散在空气中能形成粉尘爆炸。

(3)燃烧性

多数有机氧化性物质除了具有强氧化性外,本身还是可燃物,故能引起燃烧。

(4)毒害性和腐蚀性

多数氧化性物质本身具有一定的毒性。有的氧化性物质有强烈的吸水性,能灼伤皮肤。有些氧化性物质和水作用后形成强碱或强酸,具有较强的腐蚀性。

**25. 危及氧化性物质安全的主要因素有哪些?怎样才能保证氧化性物质的安全运输?**

氧化性物质的危险性主要取决于物质本身,但其危险性的产生要有一定的外界条件才能实现。因此,只要掌握了它们的变化条件并采取相应措施,就能保证运输安全。

对其性质可采取如下措施。

(1)防止氧化性物质受热和产生机械作用

①注意防热、防晒和防止接触明火。储放时应远离热源、火源,应存放于阴凉场所,堆垛不宜过高过大,并注意散热、通风。

②装卸、搬运作业中应轻拿轻放,不能摔碰、拖拉、翻滚和甩丢。

③照明应用防爆灯具。装卸机械工具,应装有防止产生火花的防护装置。不要使用撬棍等铁质工具,必须使用时应采用取防护措施。

(2)防止受潮和与酸接触

①不能露天存放,忌水的氧化性物质必须放在库内,装在厢式车中。

②除硝酸盐,其他氧化性物质都不得和硝酸、发烟硝酸、硫酸、发烟硫酸、氯磺酸等酸性物质共存同一库中,也不得配装。

(3)防止与可燃物或还原剂接触

①装运前，车、库应打扫干净，保持干燥，不得留有任何酸类、煤炭、木屑、面粉、硫化物及粉状可燃物等物质。

②储运过程中不得将氧化性物质和易燃物质配装，也不能存放在一起。

③漂粉精、漂白粉及无机氧化性物质的亚硝酸盐、亚氯酸盐、次氯酸盐不得与其他氧化性物质配装。

④无机氧化性物质和有机氧化性物质不得配装。

# 第七章　毒性物质和感染性物质

## 1. 什么是毒性物质？怎样分类？

毒性物质是经吞食、吸入或皮肤接触后可能造成死亡或严重受伤或健康损害的物质。

毒性物质的毒性分为急性口服毒性、皮肤接触毒性和吸入毒性。分别用口服毒性半数致死量 $LD_{50}$、皮肤接触毒性半数致死量 $LD_{50}$、吸入毒性半数致死浓度 $LC_{50}$ 衡量。

经口摄取半数致死量：固体 $LD_{50} \leqslant 200mg/kg$，液体 $LD_{50} \leqslant 500mg/kg$；经皮肤接触 24h，半数致死量 $LD_{50} \leqslant 1000mg/kg$；粉尘、烟雾吸入半数致死浓度 $LD_{50} \leqslant 10mg/L$ 的固体或液体。

## 2. 什么是感染性物质？怎样分类？

感染性物质，是已知或有理由认为含有病原体的物质。病原体是指会造成人类或动物感染疾病的微生物（包括细菌、病毒、立克次氏剂、寄生虫、真菌）和其他媒介，如病毒蛋白。

感染性物质分为 A 类和 B 类。A 类感染性物质指在运输中与之接触能对本来健康的人或动物造成永久性残疾，危及生命或致命疾病的感染性物质。A 类感染性物质中，某些只能感染人，某些只能感染动物，也可能同时感染人和动物。其他不符合 A 类标准的感染性质属于 B 类。

## 3. 感染性物质包括哪些？

感染性物质包括对人类或动物感染的物质、生物制品、培养物、病源标本以及临床和医疗废弃物。

4. 什么是生物制品?

生物制品,是从活生物体取得的产品,其生产和销售须按相关国家主管部门的要求,可能需要特别许可证,用于预防、治疗或诊断人或动物的疾病,或用于与此类活动有关的发展、试验或调查目的。生物制品包括,但不限于疫苗等最终或非最终产品。

5. 什么是培养物?

培养物,是有意使病原体繁殖过程的结果。

6. 什么是病源体标本?

病源体标本是为了研究、诊断、调查和疾病治疗与预防等目的,直接从人或动物身上采集的人体或动物体物质,包括但不限于排泄物、分泌物、血液及其成分、组织及组织液和肌体部分。

7. 什么是临床和医疗废弃物?

医学或临床废物,是来自对动物或人的医学治疗或来自生物研究的废物。

8. 失去效力或活性的病原体是否属于感染性物质?

物质如其形态使任何存在的病原体都已失去效力或活性,以致不再对健康造成危险,则不属于感染性物质。

9. 何谓半数致死量?

毒性物质侵入人、畜体内或接触皮肤,可造成人、畜的中毒;毒性物质的侵入达到一定数量时,还可造成人、畜的死亡。这个数量的大小是以生物(如鼠、狗)试验得出来的。因此,我们就把进行生物试验，能使生物致死的中毒最低数量，叫半数致死量。用 $LD_{50}$ 来表示。

能使生物致死的药量，一般与生物的体重有关，即体重大的致死药量要大些，体轻小的致死药量要小些。为了方便起见，半数致死量用每千克生物体重致死药量的毫克数来表示。例如，氯化汞的半数致死量 $LD_{50}$ = 37mg/kg，意思是说 1kg 重的老鼠服 37mg 的氯化汞就可以中毒死亡。依此可以推算出其他生物或人体中毒的具体情况，比如一只老鼠重 100g，那么服 3.7mg 的氯化汞就能造成中毒死亡等。

从半数致死量的表示方法可以看到，半数致死量数越小的毒性物质的毒性就越大。例如，砷酸钾的半数致死量 $LD_{50}$ = 35mg/kg，氟化铵的半数致死量 $LD_{50}$ = 75 ~ 150mg/kg。砷酸钾的半数致死量数比氟化铵的小，显然砷酸钾的毒性要比氟化铵大。

为了便于比较剧毒品和有毒品，凡半数致死量在 50mg/kg 以下的为剧毒品，除此以外的为有毒品。因此，半数致死量往往又用 $LD_{50}$ 来表示。例如，农药敌死通 $LD_{50}$ = 12.5mg/kg，对硫磷 1605$LD_{50}$ = 25mg/kg，丙吸磷 1059$LD_{50}$ = 7.7mg/kg 等。

生物试验半数致死量除了和体重有关外，还和生物的种类、作用的部位和方式等有关，对人、畜来讲，和健康状况、年龄，服入情况等均有关系。

## 10. 毒性物质侵入人体的途径有哪几种？

毒性物质侵入人体，大致经过 3 个途径——皮肤、消化器官和呼吸器官。

凡经过皮肤侵入人体的毒性物质，一般都可以溶解于水或皮肤表面的脂肪层，并随着毒物的溶解而侵入毛孔或渗入皮肤，引起中毒。其毒害性的大小，可视毒性物质在脂肪或水中的溶解性大小而定。溶解性大的毒性物质，其毒害性一般也大。溶解性小的毒性物质，其毒害性也小。

不少毒性物质极容易经过皮肤破裂处侵入人体，而这种侵入往往会随着血液蔓延全身，引起快速中毒。因此，遇有皮肤破裂时，应停止或避免对毒性物质进行装卸、搬运作业，以免发生危险。

经过消化器官侵入人体的情形，通常是由于饮食、吸烟或用手摸口舌时不注意而将毒性物质带入消化器官的。其危险性比经过皮肤而侵入的要大。因此，在进行毒性物质作业时，严禁饮食、吸烟和乱摸口舌；作业结束后，应立即清洗身体或进行必要消毒。

对于气体、挥发性液体或粉末状的毒性物质，最容易经过呼吸器官而侵入人体内部。此种情形的危险性最大，因为被吸入的毒性物质能直接进入肺部。大量的毒性物质被肺胞表面吸收后，即可迅速地进入血液，并随着血液的不断循环分散到人体的各个部位，引起全身性中毒。所以，作业时，应佩戴口罩或防毒面具，作业时应先通风后作业，做到通风良好；作业中轻拿轻放，小心谨慎，防止尘末飞扬。

### 11. 何谓中毒？中毒的一般症状及急救措施是什么？

中毒是指当某种有毒物质侵入人体或接触皮肤以后，引起人体一系列生理上异常变化的现象。

中毒常表现在人体的 5 个部位，即肠胃系统、循环系统，呼吸系统，神经系统和皮肤方面。其中，表现在肠胃系统的常见症状是恶心、流涎、呕吐、腹泻等；表现在循环系统的常见症状是脉膊跳动得快而弱小，心跳加剧，皮肤苍白，皮肤发紫发青等；表现在呼吸系统的常见症状是咳嗽、气喘、呼吸困难等；表现在神经系统的常见症状是头痛、头晕、耳鸣、倦怠、昏睡、错觉、兴奋、不安、失眠、抽风、意志不清、神经过敏等；表现在皮肤上的常见症状是风疹块、皮疹、变色、坏疽等。

根据毒性物质中毒的情况及发病时间的不同，中毒分急性中毒、慢性中毒和亚急性中毒3种，它们都有致人死亡的危险。

急性中毒是指较多量的毒物侵入人体后引起的快速中毒，它能在短时间内发生全身症状，甚至死亡。相反，慢性中毒是指长时间接触毒性物质，少量毒物逐渐侵入人体，当蓄积达到一定量时而引起的中毒。慢性中毒的发病时间长，有时在接触毒物数日至数年之后才可发生。亚急性中毒是介于急性中毒和慢性中毒之间的一种中毒。

人们发生中毒，尤其是发生急性中毒，应尽快到附近医院进行抢救，必要时应采取一些临时性的急救措施，以便稳住病情和减缓病态的发展（恶化）。急救措施有以下几个方面：

①将患者迅速转移，置于清静和空气新鲜的场所，室内应保持适宜的温度。

②对口服毒物中毒者，应尽速将毒物排除，进行必要的催吐、洗胃和清肠。比如，可服肥皂水、食盐、硫酸锌、硫酸铜等药剂，或用手指、匙柄伸入患者咽喉，促使其呕吐。

③发生皮肤中毒，要迅速更换衣服和清洗身体（被敌百虫毒害时，切勿用肥皂水清洗）。

④因吸入毒气引起的中毒，要将病人移置新鲜空气处，并反复地进行深呼吸或人工呼吸，或输入氧气。

**12. 怎样解释六六六原粉、六六六粉剂、六六六烟雾剂、六六六乳剂或油剂、六六六高丙体和六六六无毒体?**

六六六（$C_6H_6Cl_6$）的学名是六氯化苯或六氯环己烷，是一种有机氯杀虫剂，因为在它的分子中含有六个碳原子，六个氢原子和六个氯原子，所以又称六六六。

纯净的六六六是一种白色晶体，熔点112℃，无臭，不溶于水，但溶于煤油、苯、丙酮、乙醚等有机溶剂。工业品六六六中含有杂质、有酸霉味，略带黄色。

六六六在120℃时才开始分解，对酸作用稳定，有锌、铁、锡等粉末存在或在碱性溶液中，会发生分解，受潮或经日晒后也会失效。运输和使用六六六时，应避免接触碱性物质，受潮或日晒。

生产六六六的原料主要苯和氯气。在日光照射下，将氯气通入苯中，使苯分子中的六个碳原子分别和六个氯原子键合，即可得到六六六。

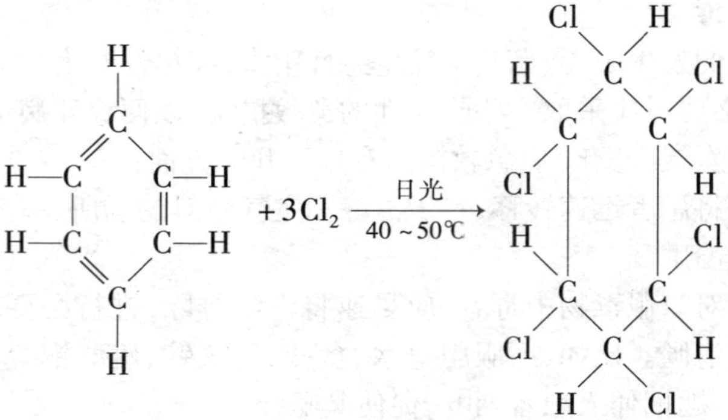

$$\text{(苯结构式)} + 3Cl_2 \xrightarrow[40 \sim 50℃]{\text{日光}} \text{(六六六结构式)}$$

或

$$\underset{\text{苯}}{C_6H_6} + \underset{\text{氯}}{3Cl_2} \xrightarrow[40 \sim 50℃]{\text{日光}} \underset{\text{六六六}}{C_6H_6Cl_6}$$

工业生产的六六六，经过机械的处理和粉碎，所得到的淡黄色粉末，便是六六六原粉。

六六六原粉虽然杀虫效力很大，不过其浓度太高，毒性太大，有碍使用和损害作物。为了适应实际生产的需要，常在六六六原粉中掺入高岭土、滑石粉等各种填料，所得到的这种混合物就是六六六粉剂或可湿性粉剂。

若供烟熏之用，则可在六六六原粉中掺入锯末、木粉、淀粉等可燃物，同时还配有一定数量的助燃物（如硝酸钾等），这种混合物就是六六六烟雾剂。

如果将六六六原粉溶于煤油等有机溶剂，所得到的液态物质就是六六六乳剂或油剂。

工业生产出来的六六六原粉中，含有六六六甲、乙、丙、丁、戊等多种同分异构体。这些同分异构体的毒性不完全相同，其中以六六六丙体的杀虫效力最强。六六六原粉中约含丙体12%～14%，其余成分为六六六的其他各种同分异构体，它们的毒性较小或基本上无杀虫效力。

同分异构体是指化合物的组成成分相同，结构不同，从而带来性质上的不同。

六六六原粉中，丙体含量不高，经过加工提取，使丙体的成分提高，当其含量达到90%以上时，此时的混合物就叫六六六高丙体。当丙体成分继续提高，其量高达99%以上时，称为林丹。六六六高丙体或林丹，因含杀虫效力很强的丙体多，所以，它们的毒性很大。

六六六原粉除去六六六丙体外，其余的同分异构体的毒性较小或无杀虫效力，此时就称为六六六无毒体。不过，六六六无毒体不等于没有毒性，只是相对地毒性小些而已，对人体还是有害的。

六六六无毒体经过化学加工，还可以得到许多其他有用药物，如五氯酚钠就是用六六六无毒体制得的一种有效除草剂。

交通运输中，六六六原粉，六六六粉剂，六六六烟雾剂，六六六乳剂或油剂，六六六高丙体和六六六无毒体，林丹和五氯酚钠等，均列为有机有毒物质。六六六烟雾剂和六六六乳剂或油剂具有易燃性，严禁明火接近。

### 13. 为什么把无毒的砷列入剧毒物质？

砷（As）俗称砒，是一种非金属元素，有灰、黄、黑3种同素异性体。常见的多为灰砷。灰砷略有金属性、质脆而硬，银灰色而有金属光泽；易氧化，露置于空气中的砷，其表面会自动氧化而很快失去光泽，并呈显霜状。

纯粹的砷几乎没有毒，但是在品名表中却把无毒的砷列为剧毒品，这是因为砷受空气中氧气的作用，相互化合而成三氧化二砷。

$$4As + 3O_2 = 2As_2O_3$$

砷　　氧　　三氧化二砷

三氧化二砷呈霜状，故通称它为砒霜。

砒霜是一种剧毒性物质，人体吸入后，会引起局部黏膜刺激和全身性中毒，普通人误服0.1g砒霜后，可致死，危害性极大。

由于无毒的砷在空气中易氧化成剧毒的三氧化二砷，为了安全起见，所以运输中列砷为剧毒品。

砷毒性的大小，应视其被氧化的程度或含三氧化二砷的多少来决定。被氧化的程度越大，含三氧化二砷量越多，砷的毒性就会越大。砷化物中，不仅三氧化二砷有剧毒，而且许多砷化合物如亚砷酸钠、砷酸钾、五氧化二砷、砷酸铵等，都有很大毒性。运输砷化物要特别注意防毒。

## 14. 为什么铅汞齐、锌汞齐列为毒性物质？

铅溶解到汞里所形成的合金，叫铅汞齐。锌溶解到汞里所形成的合金，叫锌汞齐。金属铅、锌的化学性比钠、钾要弱得多，遇水后不会发生反应，只引起微弱的化学作用。所以铅汞齐和锌汞齐不可以列入第4.3项物质。铅汞齐和锌汞齐在储运过程中的主要危险性是毒性，其中的汞及其蒸气对人体健康危害甚大，故将它们列为毒性物质。

其他汞齐是否属于遇水放出易燃气体的物质或毒性物质，主要视其所含金属的性质而定。凡含有锂、钠、钾、铷、铯、锶、钡等活泼金属的汞齐，应列入遇水放出易燃气体的物质，因为这些金属遇水都很容易引起燃烧。凡含有铅、锌、镍等金属的汞齐，应列入毒性物质，因为这些金属遇水不发生反应或很难发生反应，其危险性以毒性为主。

## 15. 为什么磷化铝和磷化锌与酸类应隔离储放?

磷化铝（AlP），纯者为深灰、深黄色晶体或粉末，无气味，相对密度2.85，易燃，着火温度约近100℃，遇水放出有毒易燃磷化氢气体。

磷化锌（$Zn_3P_2$），深灰色粉末，恶臭，相对密度4.55，微溶于碱类和油脂，不燃，与水作用放出磷化氢气体。是一种常见的杀鼠剂。

磷化铝和磷化锌与酸类应隔离存放，因为这两种物质和酸类物质作用时，有引起事故和扩大事故范围的危险。如：

①磷化铝、磷化锌与盐酸作用时，生成氯化铝（$AlCl_3$）、氯化锌（$ZnCl_2$），放出磷化氢（$PH_3$）。

$$AlP + 3HCl = AlCl_3 + PH_3 \uparrow$$

磷化铝　盐酸　　氯化铝　磷化氢

$$Zn_3P_2 + 6HCl = 3ZnCl_2 + 2PH_3 \uparrow$$

磷化锌　盐酸　　氯化锌　磷化氢

②磷化铝、磷化锌与硫酸作用时，生成硫酸铝（$Al(SO_4)_3$）、硫酸锌（$ZnSO_4$）、放出磷化氢（$PH_3$）。

$$2AlP + 3H_2SO_4 = Al_2(SO_4)_3 + 2PH_3 \uparrow$$

磷化铝　硫酸　　硫酸铝　磷化氢

$$Zn_3P_2 + 3H_2SO_4 = 3ZnSO_4 + 2PH_3 \uparrow$$

磷化锌　硫酸　　硫酸锌　磷化氢

可见，磷化铝、磷化锌与盐酸、硫酸等酸类作用，均会放出磷化氢气体。而磷化氢又是一种无色、有芥子气味、剧毒、能自燃的气体，危险性极大。空气中含0.01mg/L的磷化氢时，吸入后即可致人严重中毒。为了避免剧毒性磷化氢气体的产生，磷化铝和磷化锌与酸类（或酸性物品）应隔离储放。

## 16. 煤焦沥青和石油沥青有什么不同？怎样运输？

沥青，俗称柏油，常用于涂料、塑料、橡胶等工业，及筑路、防腐、制油毛毡等方面。

沥青的种类很多，从其来源看，有天然沥青和人造沥青两大类。天然沥青又叫地沥青，主要由沥青矿提炼而得；人造沥青主要有焦油沥青、石油沥青、硬脂沥青和松脂沥青等。其中，运量最大的是煤焦沥青（即焦油沥青）和石油沥青。

煤焦沥青是煤经过干馏而得到的最后产物。

石油沥青是石油（原油）分馏后的残余物。

煤焦沥青中含有较多的酚类及其他有毒物质，所以煤焦沥青比石油沥青具有更大的毒性。因此，煤焦沥青为毒性物质，而石油沥青则可按普通货物运输。

## 17. 为什么氰化物不得与酸性腐蚀性物质配装？

毒性物质中的无机氰化物，是一类具有极大毒害性的物质，少量进入人体即可引起中毒，甚至致人死亡。

氰化物的品种繁多，它们与酸性腐蚀性物质中的许多物质作用，能引起反应，并放出有毒物质——氰化氢 HCN。

氰化氢是一种无色剧毒性气体，易着火燃烧。当空气中含氰化氢气体量（按体积算）在 0.01% ~0.02% 时，吸入后 30 ~60min 左右便可使人严重中毒或死亡，危险极大；再一方面，氰化氢为易燃气体，当与空气混合，其量达到 6% ~40% 时，遇明火有引起空间爆炸的危险。

因氰化氢的危险性极大，考虑到运输和人身安全，所以规定毒性物质中的无机氰化物不得与酸性腐蚀性物质配装。同样，此类物品发生火灾，亦不得使用含有酸性物质的灭火器扑救。

### 18. 为什么处理汞和汞齐时，常用硫磺粉覆盖？

汞和汞齐都是有毒物质。

汞 Hg，俗称水银，是一种银白色有金属光泽的液态金属，相对密度很大，为水的 13.55 倍（20℃），熔点 –38.87℃，沸点 356.90℃，易升华。汞不仅本身有毒，汞蒸气更是一种剧毒性的物质。这种蒸气，一旦吸入人体能引起口腔炎、肌肉颤动，精神过敏等病症，而且在人体内部蓄积性大，从而造成不易痊愈的慢性中毒和疾病，危及人身安全。所以，处理汞的撒漏事故要严格按照操作规程进行。

由于汞的相对密度很大，而又富于流动，撒漏的汞常以细小的珠滴分散开来。所以，汞是一种很难收集的物质，极易造成车辆、仓库、场地和空间的污染。若不及时处理，经过车辆的振动或较长时间的影响，汞珠还易不断地渗入板隙泥土等处，给清除工作带来很多不便。

在运输和使用汞的过程中，应严格包装要求，防止破损撒漏，一旦发生撒漏必须及时处理。对于大量撒漏的汞，先进行集中收集，然后，撒上一层硫磺粉加以覆盖，稍后，清除干净，最后用水冲刷即可。

用硫磺粉覆盖是为了清掉汞迹，因为硫磺粉和汞接触时，生成不挥发、毒性小和易清除的硫化汞 HgS。

$$\underset{\text{汞}}{Hg} + \underset{\text{硫磺}}{S} = \underset{\text{硫化汞}}{HgS}$$

在处理撒漏的液体汞齐时，可采用同样方法，以达到清除的目的。

### 19. 什么是有机氯农药、有机磷农药？

有机氯农药、有机磷农药是农药的两个部分，主要是根据农药所含成分而命名的。

凡是以有机氯化合物为有效作用成分的一类农药，称为有机氯农药，常见的如六六六、DDT、毒杀芬、七氯、氯丹、硫丹等。

凡是以有机磷化合物为有效作用成分的一类农药，称为有机磷农药，常见的如内吸磷、对硫磷、敌百虫、敌敌畏等。

农药中的绝大多数为有机农药，都有一定的毒性，但毒性有大有小。有机农药中以有机磷的毒性为最大，中毒后如不及时抢救，会严重地危害人体健康（主要损害神经系统和肝脏）。

有机磷中毒的途径有呼吸道、消化道、也可经无伤的皮肤侵入体内。

在正常人体内乙酰胆碱在胆碱酯酶的作用下，分解为乙酸和胆碱。乙酰胆碱是神经系统的化学传导介质，如组织中乙酰胆碱积蓄，就使神经发生过度兴奋，并很快转入抑制和衰竭。有机磷农药进入体内以后，它可抑制胆碱酯酶的活性，致使体内乙酰胆碱不能分解成乙酸和胆碱而积蓄起来，使之中毒。目前，我国已停止生产毒性大的农药。

有机氯也能侵害神经系统，对肝脏有较大的损伤。轻度中毒时，可有眩晕、头痛、恶心、疲乏、食欲不振、出汗、失眠、轻度肌肉抽搐。这类农药在体内有明显的蓄积作用，长期少量进入体内也有慢性中毒的危险。

## 20. 何谓乳剂农药，混合乳剂农药，粉剂农药，混合粉剂农药？

乳剂农药，一般是指将农药溶解混溶于煤油及其他有机溶剂中，而制得的乳状农药。混合乳剂，则是指由两种或两种以上农药溶解或混溶于煤油及其他有机溶剂中，而制得的乳状农药。

粉剂家药，即指处于粉末状态的一类农药，其中，混合粉剂农药则是指包括两种或多种成分的混合粉末状农药。

混合乳剂农药和混合粉剂农药毒性的大小，主要根据其中所含成分的毒性大小和比例而定。例如，六六六和 DDT 混合乳剂农药的毒性，比六六六和一六〇五混合乳剂农药的毒性小，一六〇五比 DDT 毒性大。六六六和一六〇五混合乳剂农药，当其中一六〇五比例大时，毒性大，反之，毒性小。

乳剂农药和混合乳剂农药中含有机溶剂，易于燃烧，运输中应注意防热、防火。

## 21. 哪些毒性物质危险性最大？为什么？

毒性物质大致有块状、粉末状、液体。其中，以液体和粉末状的危险性最大。

液态的毒性物质，如汞、氯化苦等，当包装不严或破损时，易挥发出有毒的蒸气，这种蒸气极为有害，吸入后能直接进入肺部。液体毒性物质的沾污性强，易污染其他物品。

粉末状毒性物质，如六六六原粉等，它们的颗粒微细，极易穿透包装和发生飞扬，易使空气受到污染而引起中毒。在受振、撞击等作用下，更易造成飞扬而污染空气。

运输时，应注意防击、防振、在装卸、搬运中应轻拿轻放，严禁拖拉、翻滚。

## 22. 毒性物质的危险性与哪些因素有关？

毒性物质的危险性主要决定于物质自身的性质，主要体现在以下几个方面：

（1）农药所处的状态

同样一种毒性物质，粉末状态时的危险性，大于块状、粒状时的危险性，而且粉末愈细，分散性愈大，危险性也就愈大。液态毒性物质的危险性，大于固体、粉状毒性物质。

（2）农药包装的材质

农药的包装材料和包装质量必须符合包装要求，做到坚固严密，抗压振和不发生渗漏，否则容易造成危险。

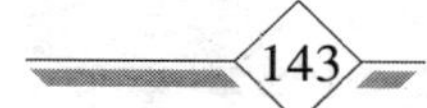

(3)农药的包装方法

袋装农药容易渗漏散包,玻璃瓶装农药易破裂逸流,危险性大。大包装农药的装卸、搬运困难、容易碰撞破损,难于处理,故危险性也大。

(4)农药的溶解性及挥发性

农药在水或脂肪中的溶解性越大,越容易侵入人体内部,危险越大。挥发性大的农药,容易污染空气及其他物品,危险性大。

(5)气温的影响

物质的分解、挥发,与温度的变化有直接关系,在高温季节和炎热天气运输毒性物质时,能强化毒性物质对人体的作用。

(6)其他

如振动程度,储运时间的长短,装载的方法等,都与毒性物质的危险性有关。所以,在运输时,应该采取有效措施,防撞防振,妥善管理,及时运输,合理配装,从而减少或降低危险性。

## 23. 为什么磷化铝、磷化锌、锑粉、铍粉、金属铊着火,不能用水扑救?

磷化铅、磷化锌、锑粉、铍粉、金属铊与水发生反应:

$$AlP + 3H_2O = Al(OH)_3 + PH_3\uparrow$$

磷化铝　水　氢氧化铝　磷化氢

$$Zn_3P_2 + 6H_2O = 3Zn(OH)_2 + 2PH_3\uparrow$$

磷化锌　水　氢氧化锌　磷化氢

$$2Sb + 3H_2O = Sb_2O_3 + 3H_2\uparrow$$

锑　水　三氧化二锑　氢

$$Be + H_2O = BeO + H_2\uparrow$$

铍　水　氧化铍　氢

$$2Tl + 2H_2O = 2TlOH + H_2\uparrow$$

铊　水　氢氧化铊　氢

它们与水作用,均会放出易燃性气体磷化氢或氢气。不仅本身易燃,而且当散布到空气中,遇明火有引起爆炸的危险。在高温下作用,燃烧更为剧烈。因此,这类物品不能用水灭火,否则,会造成更大的火灾,甚至爆炸。

## 24. 毒性物质主要有哪些危险性? 怎样防护?

许多毒性物质有多重的危险性。但是,其主要危险是对人、畜的毒害,少许毒性物质侵入体内或接触皮肤,即可引起中毒。

为了避免中毒和保证安全运输,应注意以下几点:

①对于毒性物质的包装必须严密和符合要求,做到坚实牢固、密封不漏。

②严格配装条件,严禁与食用物品配装和混放,以免造成污染。

③先通风后作业,装卸和搬运时应做到轻拿轻放,严禁肩扛、背负、拖拉、滚动等作业,以免破损外逸。机械作业时,应按规定降低负荷。作业人员,要按规定佩戴口罩、手套和必要的防护用具。作业后将身体清洗干净,作业时严禁吸烟和饮食。

④加强对毒性物质的管理。发现撒漏及时处理,被毒性物质污染的车辆应彻底清洗和消毒,托运和承运要严格手续。

# 第八章　放射性物质

## 1. 什么是放射性和放射性物质?

自然界是由各种物质组成的。其中有一类物质,它们不受外界温度、压力的影响,原子核也不稳定,能自发地向周围放出人眼看不见的射线,这种能不断地放出射线的物质,叫做放射性物质。

在自然界中存在的放射性物质称为天然放射性物质,如镭、铀、钍等。这些性物质的寿命很长。

有些元素本来不是放射性物质,经过原子反应堆或加速器作用,变成放射性物质,称为人工放射性物质,如放射性磷、碳等。人造放射性物质,数目达1000种以上。

凡具有放射性的物品,就是放射性物质。如放射性同位素制剂,辐射源,检查校正源,标准源,中子源,放射性化工制品,放射性矿石和矿砂及其浓缩物,带有放射性物质的仪器仪表等,都是放射性物质。

## 2. 放射性物质放出的射线有哪几种?

放射性物质放出的射线有 $\alpha$ 射线(甲种射线)、$\beta$ 射线(乙种射线)、$\gamma$ 射线(丙种射线)和中子流。

$\alpha$ 射线,是一种带正电的粒子流,在物质中的电离作用很强,故射程很短。如铀$^{238}$放出来的 $\alpha$ 射线,在空气中能走2.7cm,在生物体中能走0.035mm,在金属铝中则只能走0.017mm。$\alpha$ 射线的穿透能力很弱,用一张纸、衣服、金属片、木板等,即可将 $\alpha$ 射线挡住。但是,由于它的电离本领很强,一旦侵入体内,能引起很大伤害，作业时须特别注意。

$\beta$ 射线，是一种带负电的电子流，电离作用比 $\alpha$ 射线弱得多，约为1/100。由于 $\beta$ 射线电荷少，质量小和运动速度快，所以它的穿透能力比 $\alpha$ 射线要强得多。如磷$^{32}$放射出来的 $\beta$ 射线，在空气中能走7m，在生物体中能走8mm，在金属铝中能走3.5mm。不过，用9mm厚的铝片、塑料板、木板或多层纸等，可将它挡住。

$\gamma$ 射线，是一种波长很短的电磁波，即光子流，不带电，并以每秒30万公里的速度运动。由于 $\gamma$ 射线不带电，速度高和能量大，所以在物质中的穿透本领很强，比 $\beta$ 射线强50～100倍，比 $\alpha$ 射线强10000倍。当光子通过物质时，能量的损失只是光子数目的减少，而剩余光子的速度不变。因此，要使任何物质完全吸收 $\gamma$ 射线是很困难的。

中子流，只有在原子核发生裂变时，才能从中释放出中子。运输中，由中子源放出的这种不带电的粒子流，不能直接产生电离，所以它的穿透能力是很强的。中子最容易被氢原子或含有氢原子的碳氢化合物吸收，所以，有机纤维类物质、水、石蜡、水泥等都是很好的中子吸收剂或遮挡材料。

对于同一种放射性物质，可能只放出一种射线，也可能放出两种或几种射线。

### 3. 放射性活度，放射性总活度，剂量、剂量率的含义是什么？

放射性活度是度量放射性物质放射性大小的一个物理量，它是以每秒钟内发生的核衰变数来表示的。放射性物质在每秒钟内发生的核衰变数目越多，这种放射性物质的放射性强度就越大，反之则越小。

放射性活度的常见单位是居里。1居里放射性物质在1秒钟内有370亿（$3.7 \times 10^{10}$）个原子核发生衰变。

放射性活度的单位除居里外，还有毫居里、微居里，它们的定量关系如下：

$$1\text{ 居里}=10^3\text{ 毫居里}=10^6\text{ 微居里}$$

放射性总活度，是指单位质量或单位体积放射物质所具有的放射性强度，常用单位有：微居里/千克，居里/克，居里/升，居里/厘米$^3$（$\gamma$ 射线可用克镭当量表示）。

剂量是专指受射线照射的量，用来衡量物质或生物体受射线照射的程度。剂量是单位质量或单位体积的物质或生物体，在射线照射下所吸收能量的多少，单位“伦琴”。

$$1\text{ 伦琴}=1000\text{ 毫伦琴}$$

$$1\text{ 毫伦琴}=1000\text{ 微伦琴}$$

剂量率是指单位时间内的剂量。常用单位“毫伦/小时”或“微伦/秒”。

## 4. 什么是放射性物质的半衰期？怎样运输放射性物质？

放射性物质或放射性同位素的原子核是不稳定的，能不断地、自发地放出射线。经一定时间放射后，便成为另一种新的稳定性物质或放射性物质，这种自然而又有规律的核变化，称为衰变。如下列放射性物质的衰变：

$$\text{磷}^{32}\longrightarrow\text{硫}^{32}+\beta$$

$$\text{镭}^{226}\longrightarrow\text{氡}^{222}+\alpha+\gamma$$

在衰变过程中，放射性物质的放射性强度不断减弱，当其因衰变而减少到原来放射性强度的一半时，所需要的这段时间就叫半衰期。

放射性物质（或放射性同位素）的半衰期各不相同，有长有短。如碘$^{131}$为 8 天，铯$^{137}$为 33 年，汞$^{203}$为 45 天，镭$^{226}$为 1622 年，锝$^{99}$为 $2.1\times10^5$ 年等。其中，碘$^{131}$、汞$^{203}$的半衰期短，称为短寿命放射性物质；铯$^{137}$、镭$^{226}$、锝$^{99}$的半衰期长，称为长寿命放射性物质。

短寿命放射性物质，运输时，做到快装快运，其允许运送期限不得小于规定的运输期限。

### 5. 什么是放射性同位素？

所谓同位素，是指原子序数相同而质量数不同的原子。

凡是同位素都在周期表中占有同格位置，只是它们的质量数不同。例如，氢元素的同位素有氢$^1$、氢$^2$、氢$^3$，分别以符号$_1H^1$、$_1H^2$、$_1H^3$ 表示，它们的原子序数均是1。

其中，没有放射性的同位素，称为稳定性同位素；有放射性的同位素，称为放射性同位素。

放射性同位素，放射性物质，放射性物质在国家标准中统称为放射性物质。

放射性同位素多数是人工制造的，故又有人造放射性同位素之称。

### 6. 为什么运输放射性物质及其空容器，应保证包装物表面清洁无污染？

由放射性物质所放出的各种射线，照射到人体上，具有杀伤和破坏作用。

放射性物质伤害人体的途径有两个方面：

(1)外照射

由放射性物质所放出的射线，在一定距离以内，能照射人体而产生杀伤和破坏。这种从外部作用于人体，而损伤人体机体的方式，称为外照射。运输中，能造成外照射的主要是 $\gamma$ 射线和快中子，因它们的穿透能力强，能穿过包装而放射出来。

(2)内照射

因为放射性物质侵入体内，在体内造成照射的方式。这种照射作用时间长，不易清除，危险性大。尤其是 $\alpha$ 射线侵入体内，易产生电离，从而大面积地杀伤人体细胞，破坏人体各组织的正常机能，并很快引起放射性疾病。内照射比外照射具有更大的危险性，应特别注意防止放射性物质侵入体内。

运输的放射性物质或其空容器，当包装物表面被放射性物质污染时，最容易沾污人体或侵入体内，造成内照射，搬运时必须严格要求。

### 7. 如何理解放射性物质包装表面 $\alpha$ 射线和 $\beta$ 射线的剂量率？

放射性物质包装表面 $\gamma$ 射线的各种剂量率，其包装表面的 $\gamma$ 射线最大容许剂量率为0.1～0.3微伦琴/秒或0.4～1毫伦琴/小时。这是因为 $\gamma$ 射线有很大的穿透能力，即使经过各层包装的遮挡吸收，仍会有或多或少的 $\gamma$ 射线放射出来。

$\alpha$ 射线和 $\beta$ 射线的穿透能力不大，很容易被其他的物质遮挡吸收，包装内的放射性物质所放射出来的 $\alpha$ 射线或 $\beta$ 射线，很容易被各包装层所吸收阻挡，不致于穿透到包装外面来。所以，也就谈不上放射性物质包装表面 $\alpha$ 射线和 $\beta$ 射线的剂量率了。

运输放射性物质，如果包装表面清洁无污染，是不会产生内照射的，只有可能受到 $\gamma$ 射线或快中子的外照射影响。

### 8. 为什么有些放射性物质可按普通货物运输？

各种放射性物质的放射性强度，或放射性比活度及剂量率的大小是不同的。放射性活度或放射性比活度大的，剂量率高的放射性物质，对人体的危害性大，反之则危害性小。有的放射性物质的放射性活度或放射性比活度要小，剂量率很低，同时包装又符合要求，不致对人造成危害或危及其他物质的安全。那么，这样的放射性物质可以按普通货物运输。

每一包装件放射性物质的放射性活度不超过50微居里，或放射性活度超过50微居里，但放射性比活度不超过1微居里，以及部分涂有放射性发光剂的工业成品，其包装表面清洁，$\gamma$ 射线剂量率小于0.1微伦琴/秒时，可以按普通货物运输。同样，运输装过放射性物质的空容器，也亦要求包装表面清洁无污染，$\gamma$射线剂量率小于0.1微伦琴/秒，否则不能按普通货物运输。

放射性物质和放射性物质在含义上有一定的区别。一般说来，放射性物质应包括其内的放射性物质和其外的包装材料两个部分。包装材料或包装质量的好坏，对放射性物质包装表面射线剂量率大小有很大影响。放射性物质的包装对运输安全至关重要。

## 9. 为什么应避免长时间接触放射性物质？

为了确保人身安全，人在接触放射性物质时的最大容许剂量是每人每天（或每周）所受射线照射是安全的，基本上不会影响人的身体健康和引起疾病。反之，若受射线的照射超过规定的最大容许剂量时，则会危害人体，甚至引起疾病。

人对一些射线的最大容许剂量如表8-1所示。

**人体对一些射线的最大容许剂量**　　表8-1

| 射线类型 | 每日最大容许剂量（伦） |
| --- | --- |
| $X$、$\beta$、$\gamma$射线 | 0.05 |
| $\alpha$射线、快中子 | 0.005 |
| 热中子 | 0.01 |

人体受射线照射，剂量的大小与照射的时间成正比。所以，照射时间越长，剂量势必越大。这样，受射线照射时间长了，剂量不断增大，以至超过最大容许剂量，就会危及人身安全。

运输过程中要求尽可能缩短与放射性物质接触的时间，做到快装快卸和快速运输，并严格执行各项行之有效的制度，以减少射线对人们的照射。

## 10. 为什么要划分放射性物质的运输包装等级?

放射性物质的包装必须具有结实牢固、严密不漏和良好的遮挡射线的能力。在运输放射性物质时,除射线的危害外,一般不易发生其他危险。根据放射性物质包装表面射线剂量率的大小,把它们划分成各种运输包装等级,如表8-2所示。

**放射性物质运输包装等级表** 表8-2

| 放射性物质包装件分类 | | |
|---|---|---|
| 运输指数 | 包装外表面任一位置的最大辐射水平 | 类　别 |
| 0 | 不大于0.005mSv/h | Ⅰ类(白) |
| 大于0但不大于1 | 大于0.005mSv/h但不大于0.5mSv/h | Ⅱ类(黄) |
| 大于1但不大于10 | 大于0.5mSv/h但不大于2mSv/h | Ⅲ类(黄) |
| 大于10 | 大于2mSv/h但不大于10mSv/h | Ⅳ类(黄) |

其中,一级包装的放射性物质,包装表面射线剂量率小,危害性也小。三包装表面射线剂量率最大,危害性也最大。放射性物质包装表面剂量率的测定,一般以距其表面1m处为准。

将放射性物质划分运输包装等级,是确保运输生产安全的关键所在。没有划分运输包装等级的放射性物质不允许运输。托运放射性物质时,要求货主必须提供有关部门的"放射性货物剂量检查证明书",以准确地划定其运输包装等级。

## 11. 什么叫放射性同位素制剂及放射性化工制品,辐射源,检查校正源,标准源,中子源?

含有放射性同位素的化学制品,称为"放射性同位素制剂(或放射性化学试剂)及放射性化工制品",如含有放射性同位素的酸、碱、盐类和有机化合物类。

放射性强度较大的固体或液体的放射性同位素,通常称为"辐射源"。常见的辐射源有钴$^{60}$、锶$^{90}$、铯$^{137}$、铊$^{204}$等。

一些专门供给检查和校正测量放射性的仪器、仪表的放射源，称为“检查校正源”。

在核物理、放射化学、生物学、医学、地质勘探和工农业等领域，经常需要用一些强度已知的放射源，作为同类型放射源的基准。这些可做基准的放射源，称为标准源。把未知强度的放射源与标准源加以比较，可简便地得到待测放射源的强度。一般要求标准源的强度应较稳定，强度测量的准确度应较高。

由某两种元素（其中一种为放射性元素）混合，而能不断放射出中子的源，称为“中子源”。

## 12. 怎样防护射线的照射？

根据射线的性质，放射性物质的物理状态和运输包装等级等特点，防护射线照射的方法有以下几种：

（1）产生内热防护法

人受射线剂量的大小，与射线的照射时间成正比。也就是说，照射的时间越长，所受的剂量越大，照射的时间越短，所受的剂量就越小。因此应尽量缩短受照射的时间，不要在有放射性物质的周围，作不必要的停留。运输、管理、装卸、搬运、处理放射性物质时，一定要按操作规程规定的时间作业。

（2）辐射防护法

人体受照射剂量的大小，与距离的平方成反比。离放射性物质的距离越远，受射线照射的剂量就越小；随着距离的增加，剂量的减小是很显著的。为此，装卸，搬运放射性物质时，应尽量远离，可用各种夹具替代操作。

（3）临界防护法

利用适当的材料对射线进行遮挡。各种材料对射线都有一定的遮挡能力，相对密度较大的金属材料（铅、铁等）对 $\gamma$ 射线的遮挡性能较好；相对密度轻的材料（石蜡、硼砂等）对中子的遮挡性

能较好。$\beta$ 射线和 $\alpha$ 射线容易遮挡,一般用轻金属铝或塑料遮挡即可。在运输中可利用木板、铁板、草席、纸板、墙壁、车壁等吸收遮挡射线,也可以采用小剂量物品遮挡大剂量物品。

(4)防止污染法

为了防止人体、衣物、运输工具,物品包装等受放射性物质的污染,运输放射性物质时,包装表面必须保持清洁无污染。装卸和搬运中应轻拿轻放,以免发生损漏。在处理放射性物质时禁止吸烟等与口腔接触的行为,以消除污染物侵入口内的可能性。防止沾有放射性的物品割破皮肤。工作时更不要用有机溶剂洗手和涂敷皮肤,否则会增加对放射性物质的渗透性(溶有放射性物质的乙醚、氯仿、三氯乙烯等溶液可以通过正常的皮肤进入体内)。放射性物质一旦发生事故,应及时处理,防止污染扩散。

## 13. 放射性物质对人体的伤害有哪些因素?

人体受过量的放射性射线的照射是会引起疾病的。若在短时间内受大剂量射线的照射会引起急性放射病,如红血球显著减少,血压迅速下降,出血、腹泻、呕吐、失水、生理失调,神经部分瘫痪,脱发、抽筋、休克等。如果长期受放射性射线小剂量照射会导致慢性放射病的发生,这种病状短时反映不出来,到一定时候则会出现白血球和红血球减少、头痛、恶心,精神不振、食欲不佳、睡眠不好等现象。

在运输过程中,只要不造成内照射,一般不会引起急性放射病,工作中应加强防护,以免发生慢性放射病。

放射性物质对人体的伤害,有以下几方面因素:

(1)放射性物质所处的物理状态

气体和粉末状态的放射性物质,一旦发生事故,容易污染空气和吸入人体内,造成内照射。侵入体内的各种状态的放射性物质,气体的较容易排除,液体和固体的则难于排除,危险性大。液体放射性物质破损后，有较大的沾污性，危害性大于固体放射性物质。

(2)放射性物质半衰期的长短

在内照射方面，半衰期长的放射性物质，在体内的照射时间长，危害性比半衰期短的要大。同理，长寿命的放射性物质，半衰期长，危害性大于短寿命的。

(3)放射性物质的射线种类

内照射时，$\alpha$ 射线危害性最大，$\beta$ 射线次之，$\gamma$ 射线最小。外照射时，$\gamma$ 射线最大，$\beta$ 射线次之，$\alpha$ 射线的危害性最小。

(4)受射线照射剂量大小

受射线照射的剂量越大，对人体的伤害越大，反之越小。

(5)受射线照射时间长短

受射线照射的时间越长，对人的危害越大，反之就越小，因此，而应特别防止一次性长时间的照射。

(6)放射性物质的装载和储放位置

放射性物质的装载和储放位置必须适当，要远离人员活动场所和住宅。如应装于车辆的中部，大剂量的放射物品装载或储放于小剂量的里边等，这样就可以减少或避免射线对人体的照射。

(7)作业方法和管理制度

使用机械工具作业比徒手作业受射线的影响小。加强管理能确保放射性物质运输的安全，防止意外事故的发生。

(8)其他

如受射线照射的部位，放射性物质不符合包装要求和包装材质低劣等。

### 14. 放射性物质的包装须具备哪些要求？

同其他危险物品比较，放射性物质的包装须具备更严格的要求。

放射性物质的包装应要求坚实韧固，密封不漏，便利作业和屏

蔽性强，如能经受住较大的振动、摩擦、压挤、撞碰、冲击等外来的机械作用，还需有较强的吸收射线的能力。其具体的包装要求如下：

（1）放射性同位素的运输包装

一般说，放射性物质中，放射性同位素的放射性强度是较大的，因此，要求更高的包装条件和更好的屏蔽性能。物品的整个包装分为四层。

①最内层包装为内容器，是用来盛放放射性物质的，并保证严密不漏。不同的放射性物质，其内包装的材质和形状一般是不相同的，液体放射性同位素，内容器通常使用玻璃安瓿或有金属封口的小玻璃瓶；固体放射性同位素，内容器通常是带橡皮塞的小玻璃瓶或磨口瓶；气体放射性同位素，要求使用密封安瓿瓶。辐射源、标准源、中子源等一般都使用金属制内容器，口密封，不容易开启。

②第二层为内层辅助包装，是内容器的衬垫物，起防振、防磨和吸附作用，常用纸、棉絮、海绵、泡沫塑料。

③第三层为外容器，是放射性物质的主要包装，其作用是屏蔽射线和保护内容器。射线的类型不同，外容器亦不相同。放射 $\alpha$、$\beta$ 射线的物品，一般用几毫米厚的塑料罐或铝罐做外容器。放射 $\gamma$ 射线的物品，一般用铅罐、铁罐、铅铁组合罐做外容器。中子源的外容器常以石蜡罐或里衬铅制容器。

④第四层为外层辅助包装，用以保护外容器不受损伤和防止污染，可采用木箱、纸箱、铁筒、金属箱等，并要求不超过规定的限制质量和安置便于作业的把手、环扣。

（2）放射性化学试剂和化工制品的包装要求

①可装入质量符合要求的大口铁桶里，内有衬垫，桶口严密不漏。每桶净重不得超过规定数量。

②装入厚玻璃螺丝口瓶、塑料瓶中，封口不漏，再装入符合规格的木箱内，并用牛皮纸、防潮纸、塑料膜衬垫，或填塞一定数量的

吸附材料。每箱净重不得超过规定数量。

(3)放射性矿石和矿砂的包装要求

放射性矿石和矿砂的放射性强度虽然较小,由于包装的要求不同,运输中容易造成散漏,以致污染人体和其他物品。因而,对此类物品亦应严格包装手续和包装条件,严防散漏和污染。

(4)其他

对涂有放射性发光剂的工业成品,或带有放射性的其他物品,发货单位可与交通运输部门共同商定包装条件,必须防止污染和减少射线的照射。

### 15. 怎样去除放射性污染?

因沾污的情况,被沾污表面的特点有所不同,去除污染的方法也各异,很难规定一种通用的方法,应根据不同情况采用不同的洗液及方法。

(1)常用的洗液

①10%柠檬酸-盐酸(将柠檬酸溶解于稀盐酸中),10%柠檬酸,8N硝酸,6%醋酸,1N(mol/L)盐酸或10%盐酸,3%盐酸。

②5%碳酸钠,10%氨水,5%氢氧化钠。

③0.5%乙二胺四乙酸钠,去除金属放射性同位素的污染,比其他洗液效果良好。

除上述洗液外,用相同状态的化合物的稳定性同位素溶液去除污染可以得到良好的效果。

洗 $Ba^{140}$ 用6N $Ba(NO_3)_2$

洗 $P^{32}$ 用(3N $HNO_3$)+(3N $H_3PO_4$)

洗 $I^{131}$ 用56% HI (氢硝酸)

发现污染后应立即洗涤,否则放置时间越久越不易洗掉。

(2)除沾污的步骤

①金属用具被沾污的除去。把用具置于冷水或热水中进行冲

洗;把用具置于 10% 柠檬酸溶液中冲洗;把用具浸在盛有 8N(mol/L)硝酸溶液的器皿中经 2h 后再用水冲洗。

②工作服被沾污的除去。首先将工作服仔细检查,按其放射性分为 3 类:被 $\beta$、$\gamma$ 放射源污染的,计数脉冲小于 1000 次/分,可以用平常洗衣服的方式清洗;被 $\beta$、$\gamma$ 放射源污染的,计数脉冲大于 1000 次/分及 $\alpha$ 放射性同位素污染的,这两类衣服可按下述 5 步清洗:水中清洗;在 6% 柠檬酸的热溶液中冲洗;热水冲洗;浸在热水中加除污剂洗。在酸中、热水中冲洗,这一步需重复两次,最后用水冲洗 3 次。

③手套和手被沾污的去除。手套在脱下之前,先用肥皂清洗,然后用水清洗。测定放射性,如仍有放射性物质存在则用 1% 柠檬酸水,然后再用水洗。

手或皮肤的其他裸露区域的沾污很轻时,用肥皂及软毛刷及温水涮洗 5min。测量放射性,不超过容许程度即可。如果超过,再重新洗 5min。如放射性仍然超过容许程度,可将手浸入饱和的高锰酸钾溶液中,然后用水洗或用新鲜的 5% 亚硫酸氢钠洗,再用水洗。如有必要也可用不大于 3N(mol/L)浓度的稀酸洗。结束后用羊毛脂或软膏擦手。

### 16. 放射性物质的包装件有哪些种类?

放射性物质包装件是指提交运输的装有放射性内装物的容器,按照内装的放射性物质活度限制和物质限制,可分为例外包装件、1 型工业包装件、2 型工业包装件、3 型工业包装件、A 型包装件、B(U)型包装件、B(M)型包装件以及 C 型包装件。装有易裂变材料或六氟化铀的包件必须符合附加要求。

### 17. 放射性物质在国际运输中的包装有何要求?

放射性物质的包装是根据其重量、体积和形状来设计包装件,

以便进行简单和安全的操作及运输。在国际运输中,包装要求有以下几点:

①包装件的设计必须使包装件上的任何提升附件在按预定方式使用时不会失灵。包装件的设计必须考虑相应的安全系数。

②包装件外表面用于提升的附件和其他设施必须能够承受包装件重力。

③包装的设计和生产必须保证其外表没有凸起,并易于去污。

④包装件外层的设计必须做到避免积水。

⑤包装件必须能够经受常规运输条件下,可以遇到的任何加速、振动和共振的影响,以保证整个包装件完好性不发生任何破坏。

## 18. 什么是运输指数? 怎样确定运输指数?

距离放射性物质包装件外表面 1m 处的最高辐射水平(以希沃特/小时(mSv/h)作单位)乘以 100 得出的数值即是运输指数。其数值舍到小数点后一位,但是等于或小于 0.05 的数值可视为 0,如表 8-3 所示。

**运输指数等级表**　　表 8-3

| 运输指数 | 级别 |
|---|---|
| 0 | Ⅰ级－白色 |
| 大于 0 而不大于 1 | Ⅱ级－黄色 |
| 大于 1 | Ⅲ级－黄色 |

## 19. 在正常运输条件下,放射性物质的包装中,自由跌落的距离如何确定?

①根据联合国危险货物运输建义书的规定,在正常运输条件下,包装件自由跌落的距离,如表 8-4 所示。

正常运输条件下包装件自由跌落的距离　　表 8-4

| 包装件的重量(kg) | 自由跌落距离(m) |
|---|---|
| <5,000 | 1.2 |
| ≥5,000 至 <10,000 | 0.9 |
| ≥10,000 至 <15,000 | 0.6 |
| ≥15,000 | 0.3 |

②对质量不超过 50kg 的矩形纤维板或木质包装件,每次必须用不同的试样从 0.3m 高度自由跌落每个角上。

③对质量不超过 100kg 的圆柱形纤维板包装件,每次必须用不同的试样从 0.3m 高度自由跌落在每一边缘的每个方位上。

## 20. 放射性物质中 $A_1$ 和 $A_2$ 表示的是什么?

在放射性物质中,$A_1$ 是指危险品规则要求确定的活度限制的特殊形式放射性物质的活度值;$A_2$ 是指危险品规则要求确定的活度限制的非特殊形式放射性物质的活度值。

# 第九章　腐蚀性物质

## 1. 什么叫腐蚀性物质？

腐蚀性物质是指那些接触后能使人的皮肤或其他物质的表面受到破坏、造成损毁的物品，如硫酸、无水溴化铝、磷酸、氢氧化钾、硫化钾、氟醋酸等等，均为腐蚀性物质。

腐蚀性物质对物质的腐蚀是一种化学作用，有时引起一系列的复杂的化学变化。如盐酸和氢氧化钠对铝制品的腐蚀，可发生下列变化：

$$\underset{\text{盐酸}}{6HCl} + \underset{\text{铝}}{2Al} = \underset{\text{三氯化铝}}{2AlCl_3} + \underset{\text{氢}}{3H_2}\uparrow$$

$$\underset{\text{氢氧化钠}}{2NaOH} + \underset{\text{铝}}{2Al} + \underset{\text{水}}{2H_2O} = \underset{\text{偏铝酸钠}}{2NaAlO_2} + \underset{\text{氢}}{3H_2}\uparrow$$

反应后生成了铝的化合物放出了氢气。这就证明盐酸和氢氧化钠腐蚀了铝，所以盐酸和氢氧化钠都是腐蚀性物质。

腐蚀性物质主要包括一些酸、碱性较强，或具有一定氧化性等性质的物质。

## 2. 何谓酸和碱？

人们把具有酸味的东西叫做酸（如醋酸）。而味涩、溶于水后有滑腻感的物质叫做碱（如烧碱）。但是从化学作用上判断酸和碱，则是通过使生物组织接触进所造成的损伤进行定义。凡是在水溶液中，电离出来的正离子全部是氢离子的物质，就叫做酸，如硫酸在水中电离为：

$$\underset{\text{硫酸}}{H_2SO_4} \overset{\text{电离}}{=\!=} \underset{\text{氢离子}}{2H^+} + \underset{\text{硫酸根离子}}{SO_4^{2-}}$$

凡是在水溶液中，电离出的负离子全部是氢氧根离子的，就叫做碱。如氢氧化钠在水中电离为：

$$\underset{\text{氢氧化钠}}{NaOH} \xlongequal{\text{电离}} \underset{\text{钠离子}}{Na^{+}} + \underset{\text{氢氧根离子}}{OH^{-}}$$

在《危险货物品名表》中所列的酸或碱的品名也是以在水中能否电离出氢离子或氢氧根离子来划分的。

但是，所有的酸和碱并不是都具有危险性，如硼酸、氢氧化铁等就是普通货物。同时，也不能仅从字面上来判定一个物质是否酸和碱。如铬酸，实际上不是酸，而是氧化物——三氧化铬（$CrO_3$）。通常说的纯碱也不是碱，而是碳酸盐——碳酸钠（$Na_2CO_3$）。

### 3. 酸有什么特性？常见的酸中哪些是危险货物？

酸的特性有几下几种：

（1）能和一些金属反应生成盐，并放出氢气，如：

$$\underset{\text{盐酸}}{2HCl} + \underset{\text{锌}}{Zn} = \underset{\text{氯化锌}}{ZnCl_2} + \underset{\text{氢}}{H_2}\uparrow$$

（2）能和金属氧化物反应生成盐和水，如：

$$\underset{\text{硝酸}}{2HNO_3} + \underset{\text{氧化钙}}{CaO} = \underset{\text{硝酸钙}}{Ca(NO_3)_2} + \underset{\text{水}}{H_2O}$$

（3）能和碱反应生成盐和水，如：

$$\underset{\text{盐酸}}{HCl} + \underset{\text{氢氧化钠}}{NaOH} = \underset{\text{氯化钠}}{NaCl} + \underset{\text{水}}{H_2O}$$

酸的品种很多，主要可以分为有机酸和无机酸两大类。虽然列于危险货物中的有机酸品种多达数 10 种，但是较为常见的有甲酸、乙酸及卤代酸等几种。

酸性腐蚀性物质中，有些物质并不是酸，如四氧化二氮，二氯化硫、溴乙酰、三氯乙醛等。

### 4. 碱有什么特性？常见的碱中哪些是危险货物？

碱的特性有以下几种：

(1)能与非金属氧化物反应,生成盐和水,如:

$$\underset{\text{氢氧化钠}}{2NaOH} + \underset{\text{二氧化碳}}{CO_2} = \underset{\text{碳酸钠}}{Na_2CO_3} + \underset{\text{水}}{H_2O}$$

(2)能和酸反应生成盐和水,如:

$$\underset{\text{氢氧化钙}}{Ca(OH)_2} + \underset{\text{硫酸}}{H_2SO_4} = \underset{\text{硫酸钙}}{CaSO_4\downarrow} + \underset{\text{水}}{2H_2O}$$

碱的品种虽然很多,但属于危险货物的无机碱却并不多。

有机化合物中的碱性物质与无机化合物中的碱在意义不同。有机碱性腐蚀性物质所列的主要是活泼金属的有机化合物及胺类。如甲醇钠($CH_3Na$)、丙二胺。

**5. 怎样识别硫酸、盐酸和硝酸?**

硫酸、盐酸、硝酸是非常重要的化学药品和化工原料,俗称"三酸"。

通常对三酸的识别有简单的方法和严格的化学方法两种。

简单识别法:分别在装酸的坛口处吹气,有雾状发生和刺激性气味较大的,酸液显绿黄色的,可视为盐酸,雾状较少和略带红棕色的,可视为硝酸,余下一种,且酸液似油状的,就是硫酸,如图9-1所示。

图 9-1 三酸的比较

另外,还可用木棍沾点氨水,在坛口处摇动,如有白色烟雾出现者,即为盐酸,这是因为由氨水中逸出来的氨气和盐酸中逸出来的氯化氢气起了化学反应,生成氯化铵的缘故。

$$\underset{\text{氨}}{NH_3} + \underset{\text{氯化氢}}{HCl} = \underset{\text{氯化铵}}{NH_4Cl}$$

剩余两种,微冒烟的是硝酸,不冒烟的油状液体便是硫酸。另一种识别法是,用稻草或纸条分别放入酸中,取出后,无显著变化的为盐酸,稻草或纸条冒烟的为硝酸,稻草或纸条变黑或烧焦的是硫酸。

化学方法:

(1)盐酸的鉴别

取 1 份盐酸,加入 9 份水,再滴入 3% ~5% 浓度的硝酸银溶液数滴,有浓白色絮状沉淀的氯化银 AgCl 产生者,为盐酸(硝酸、硫酸均无沉淀)。

$$\underset{\text{硝酸银}}{AgNO_3} + \underset{\text{盐酸}}{HCl} = \underset{\text{氯化银}}{AgCl\downarrow} + \underset{\text{硝酸}}{HNO_3}$$

(2)硝酸的鉴别

取少许硝酸,放入碎铜片或铜屑少许,微加热,有棕红色二氧化氮($NO_2$)气体产生者,为硝酸(盐酸、硫酸均无二氧化氮气体产生)。

$$\underset{\text{铜}}{Cu} + \underset{\text{硝酸}}{4HNO_3} = \underset{\text{硝酸铜}}{Cu(NO_3)_2} + \underset{\text{二氧化氮}}{2NO_2\uparrow} + \underset{\text{水}}{2H_2O}$$

(3)硫酸的鉴别

取 1 份硫酸,加入 9 份水,摇匀后,再加入 10% 浓度的氯化钡($BaCl_2$)溶液数滴,有白色沉淀的硫酸钡($BaSO_4$)产生者,为硫酸(盐酸、硝酸均无沉淀)。

$$\underset{\text{氯化钡}}{BaCl_2} + \underset{\text{硫酸}}{H_2SO_4} = \underset{\text{硫酸钡}}{BaSO_4\downarrow} + \underset{\text{盐酸}}{2HCl}$$

### 6. 为什么有硫酸和发烟硫酸之分?

三氧化硫($SO_3$)溶于水后即同水化合生成硫酸。水中的三氧化硫溶解得越多,则所得到的硫酸浓度就越大,凡浓度在 98% 以下的就是通常所说的硫酸(不发烟的硫酸)。如果在98%的硫酸中再溶入更多的三氧化硫,就可以得到含三氧化硫过量的硫酸,如含三氧化硫过量20%的硫酸其浓度为104.5%。这种硫酸中,因为三氧化硫过量,所以三氧化硫极易逸出,逸出的三氧化硫遇潮湿空气时,又溶于空气中的水蒸气形成酸雾。因此就称这种含三氧化硫过量的极浓的硫酸为发烟硫酸。发烟硫酸依含三氧化硫量的不同又分为20%、40%、60%、66%等品种。含三氧化硫高的发烟硫酸低温时(10℃左右)会凝结为固体。

发烟硫酸比浓度小的不发烟硫酸具有更大的危险性,如图9-2所示。当往发烟硫酸中加入水时,会因剧烈反应放出大量的热而引起爆炸。因此对发烟硫酸的运输作业应当更加小心谨慎。

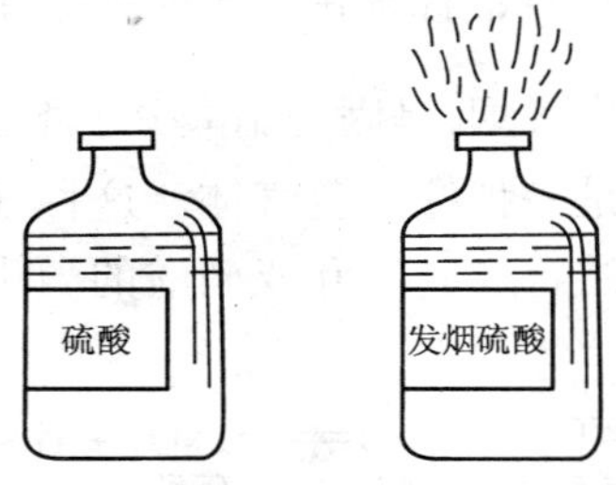


图9-2　硫酸与发烟硫酸的比较

## 7. 为什么露置于空气中的浓硫酸体积会增大?

浓硫酸是一种油状的无色液体,浓度98%的浓硫酸相对密度为1.84。

浓硫酸有一些特殊的化学性质,它不易分解具有强腐蚀性、氧化性和吸水性。

所谓吸水性,是指浓硫酸具有吸收水分的性质。当浓硫酸与一些有机物(如蔗糖、纸、布等)接触后,能从这些有机物中夺取与水分子组成相当的氢和氧,使这些物质碳化。

如：

$$\underset{\text{蔗糖}}{C_{12}H_{22}O_{11}} \xrightarrow{\text{浓硫酸}} \underset{\text{碳}}{12C} + \underset{\text{水}}{11H_2O}$$

除能从有机物中脱水外，浓硫酸还能通过周围的环境吸收水分。并慢慢地稀释，体积随之逐渐增大。

浓硫酸的吸水性是导致事故发生的重要因素。例如，当盛装浓硫酸的容器不严密时，由于浓硫酸吸收空气中的水分，体积增大后硫酸外溢，造成事故。又如撒漏的浓硫酸会使包装箱板立即脱水而碳化，易于着火燃烧。所以在运输中一定要注意浓硫酸容器的严密。

## 8. 为什么浓硝酸和浓盐酸在空气中会冒烟？

浓硝酸在空气中冒烟，是因为硝酸分子不稳定，易分解放出二氧化氮。二氧化氮是一种棕红色气体。这种气体跑出来后，又会和空气中的水蒸气结合成硝酸和亚硝酸的微小颗粒，好象放出烟雾一样。

$$\underset{\text{二氧化氮}}{2NO_2} + \underset{\text{水}}{H_2O} = \underset{\text{硝酸}}{HNO_3} + \underset{\text{亚硝酸}}{HNO_2}$$

盐酸实际上是氯化氢气体的水溶液，为一种无色或微黄色的透明液体。浓盐酸含氯化氢约38%左右。这种溶解到水里的氯化氢气体，当其量较多时，有一部分容易从溶液中被“排挤”出来。跑到空气中的氯化氢气又与空气中的水结合，并溶解到水中，从而形成许多微小盐酸珠滴，极似烟雾。

浓硝酸和浓盐酸的“冒烟”程度，决定于它们浓度的大小，浓度大，烟雾大，反之就小。

## 9. 为什么硝酸具有氧化性，运输中应注意什么？

硝酸是一种非常重要的无机酸，除具有很强的腐蚀性外，还具有很强的氧化性，因而在各种酸中，硝酸占有特殊的地位。

硝酸的化学性质十分活泼，它不仅能与许多物质反应，自身在受热或光照下也能逐渐分解。

$$\underset{\text{硝酸}}{4HNO_3} = \underset{\text{水}}{2H_2O} + \underset{\text{二氧化氮}}{4NO_2\uparrow} + \underset{\text{氧}}{O_2\uparrow}$$

硝酸中的氮原子有强烈的夺取其他物质中电子的能力，即极强的氧化性。所以硝酸能氧化很多物质。

从硝酸的强腐蚀性及强氧化性可知，硝酸虽然属于腐蚀性物质，但在运输中更要注意它的氧化性。避免与具有强还原性的物品，如爆炸品，遇水放出易燃气体的物质，易燃液体及易燃固体接触，否则会造成燃烧或爆炸事故。另外，因为硝酸受热和光照后易于分解，因此，要存放于阴凉通风场所。远离热源和火源，避免日光直接照射。硝酸的包装必须严密，衬垫材料不能为易燃物质。

## 10. 为什么硫酸等强酸不能和过氧化物存放在一起？

硫酸及盐酸、硝酸等强酸和过氧化物不可储放在一起，因为它们相互作用非常剧烈，并放出氧气和大量的热，甚至导致燃烧和爆炸。

$$\underset{\text{硫酸}}{H_2SO_4} + \underset{\text{过氧化钡}}{BaO_2} = \underset{\text{硫酸钡}}{BaSO_4} + \underset{\text{水}}{H_2O} + \underset{\text{原子氧}}{[O]}$$

因此，这些物质不得混装，否则十分危险。

## 11. 为什么浓硫酸可用铁桶盛装，而稀硫酸不可用铁桶盛装？

对于用作化学试剂的小量硫酸，通常采用玻璃容器盛装，大量的工业用硫酸，一般采用耐酸瓷坛盛装，也有用铁桶盛装浓硫酸的。

浓硫酸可以储存在铁桶里，是因为浓硫酸有着相当大的氧化性，在不受热的情况下，浓硫酸也能将铁氧化，从而在其表面形成一层紧密的氧化物保护薄膜，保护了里层的铁不再受到硫酸腐蚀。

所以,可用铁桶盛装浓硫酸。

发烟硫酸含有大量的三氧化硫,氧化能力比浓硫酸强烈得多,因此也可以用铁制容器储运发烟硫酸。

在加热的情况下,浓硫酸不能使铁桶内壁形成结实的氧化物保护膜,而是进行下列变化:

$$\underset{铁}{2Fe} + \underset{硫酸}{4H_2SO_4} \overset{\triangle}{=\!=\!=} \underset{硫酸铁}{Fe_2(SO_4)_3} + \underset{水}{4H_2O} + \underset{硫}{S}$$

运输中,对用铁桶盛装的浓硫酸,应注意防晒防热,以免不断腐蚀破坏和发生渗漏。

稀硫酸和浓硫酸比较,性质有所不同,首先,氧化性比浓硫酸弱得多,与铁接触不能形成紧密的氧化薄膜,而硫酸会不断地与铁发生作用,使之腐蚀。这种腐蚀可用下列化学方程式表示。

$$\underset{铁}{Fe} + \underset{稀硫酸}{H_2SO_4} =\!=\!= \underset{硫酸亚铁}{FeSO_4} + \underset{氢}{H_2}\uparrow$$

所以,稀硫酸不可用铁容器盛装。

### 12. 浓硫酸是怎样灼伤皮肤的?

浓硫酸除了有较强的氧化性外,还有吸水性和强烈的脱水性,它能使有机物质脱水而发生碳化。

人的皮肤是一种有机物质,在人体的皮肤组织里含有碳、氢、氧、氮等多种元素。由于浓硫酸具有很强的脱水性,当它接触皮肤时,便会将皮肤成分中的氢元素和氧元素,按照氢二、氧一的比例脱出来,而这个比例正好是水中氢、氧元素的比例,所以叫做脱水。

经过脱水,皮肤中的碳原子失去了氢和氧,便独自游离出来,皮肤的颜色会变黑,发生碳化现象,皮肤也就此被灼伤。

### 13. 为什么皮肤沾有浓硫酸时,不能用湿毛巾擦拭?

在运输浓硫酸的过程中,沾污皮肤和衣物是难免的,此时,应用大量清水或肥皂水进行冲洗,切勿用湿毛巾或湿物擦涤,不然,会造成更加严重的灼伤事故。

浓硫酸遇水不仅是一个简单的溶解过程，而且会相互结合，同时放出大量的热量。

$$\underset{\text{浓硫酸}}{H_2SO_4} + \underset{\text{水}}{x\,H_2O} = \underset{\text{水合硫酸}}{H_2SO_4 \cdot xH_2O} + \text{热量}$$

遇皮肤或衣服沾有浓硫酸时，如果用含有水的湿毛巾擦拭，结果会因放出大量的热，使皮肤进一步灼伤。同时，擦拭过程会使硫酸与皮肤的接触面扩大，因而增大了灼伤的面积。

## 14. 怎样处理硫酸渗漏事故?

当运输中发生硫酸渗漏时，千万不可向上泼水。否则，容易造成酸液飞溅，扩大受损面积。当把水泼到浓硫酸上时，由于浓硫酸的相对密度大，水的相对密度小，加上不能及时溶解，这样，水就会像棉被一样覆盖于浓硫酸上。此时，由于反应放出来的大量热量来不及逸散，致使温度急剧上升，使水沸腾汽化和体积突然膨胀，造成带有酸液的高温水四起飞溅，有引起灼伤身体和扩大腐蚀范围的危险。

发生硫酸渗漏外溢时，应及时换装或进行其他妥善处理。对于漏撒的浓硫酸，须先用干砂干土、石灰煤碴等覆盖吸收，清除后，再用大量清水冲洗干净。身体、衣物及其他物件沾有浓硫酸时，应立即用肥皂水、稀碱液和大量清水冲洗。

处理其他酸类漏撒事故，也可采用这样方法。不然，有扩大腐蚀面积，甚至引起爆炸的危险。

## 15. 为什么氢氟酸在空气里冒烟，汽油却不冒烟?

如果把一个盛有氢氟酸的瓶子和一个盛有汽油的瓶子都敞口放置在含有一定水蒸气的地方，结果就会发现前者冒烟，后者不冒烟，如图 9-3 所示。

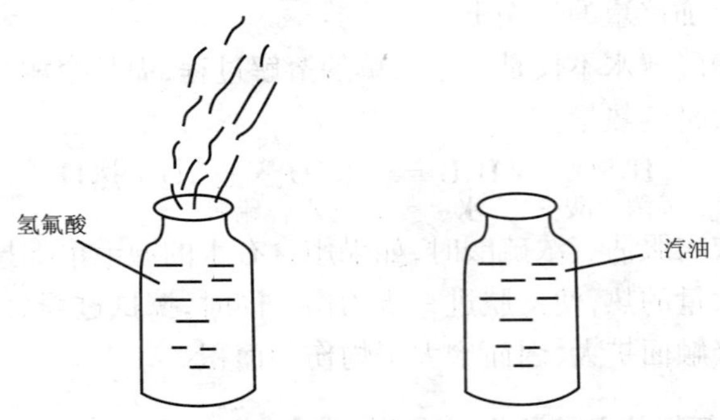


图 9-3　氢氟酸和汽油的冒烟比较

事实上,氢氟酸和汽油都会不断地挥发出蒸气,而且汽油的挥发性更大。但是,氢氟酸能看见冒烟,汽油看不出冒烟是因为,氢氟酸是气体氟化氢(HF)的水溶液,其溶液中的氟化氢挥发出来后马上又与空气中的水蒸气结合并溶解于水中,形成氢氟酸的微小珠滴。许多的微小珠滴混在一起,看上去就似"冒烟"。汽油则不同,它虽然也能不断地挥发出蒸气,但汽油不溶于水,其蒸气更不会溶解于水,仍旧以汽油的分子状态存在于空气中。汽油的单个分子用肉眼是看不到的,所以也就看不出汽油有"冒烟"的现象。

由此可知,凡挥发出来的气体或蒸气能溶解于水或与水结合的,只要有足够大的挥发性和空气中有足量的水蒸气存在时,有些就可以观察到"冒烟"现象。而挥发出来的蒸气或气体不溶于水或不能与水相结合的,一般都不会发生"冒烟"现象。所以,发烟硝酸、发烟硫酸、浓盐酸、三氧化硫、氯乙酰氯等在空气中能看到"冒烟"。汽油、煤油、苯、甲苯等在空气中看不到"冒烟"。当然这一规律常有例外,如酒精既易挥发,又易溶于水,但是,我们极难看到酒精有这种"冒烟"的现象。

运输中,发现有"冒烟"现象,说明物品包装不严密或有渗漏,应立即查明冒烟原因,以免发生危险。

## 16. 为什么不用玻璃及陶瓷容器储存氢氟酸?

氢氟酸又名氟化氢酸,是氟化氢气体的水溶液。为无色、发烟和有很大刺激性气味的腐蚀性液体。

氢氟酸有一个特殊的性质,能与二氧化硅($SiO_2$)反应,生成水和放出四氟化硅($SiF_4$)气体。

$$\underset{\text{氢氟酸}}{4HF} + \underset{\text{二氧化硅}}{SiO_2} = 2\underset{\text{水}}{H_2O} + \underset{\text{四氟化硅}}{SiF_4}\uparrow$$

玻璃和陶瓷的主要成分是二氧化硅,如果用玻璃或陶瓷容器盛装氢氟酸,会使玻璃或陶瓷容器成分中的二氧化硅发生反应,不断地进行腐蚀,以致造成容器渗漏。同时,反应后所生成的四氟化硅气体为一种剧毒性气体,对人极为有害。产生的四氟化硅气体与空气混合,受明火等外界作用时,有引起燃烧和爆炸的危险。所以,氢氟酸不可用玻璃、陶瓷及其他含有二氧化硅成分的容器盛装。需储于铅制、塑料制等特制的容器中运输。

由氢氟酸挥发出来的氟化氢气体,当空气中含量为0.005%~0.025%时,吸入人体后就可造成中毒,在运输时要加以防护。

## 17. 什么是过氧化氢? 怎样运输?

过氧化氢($H_2O_2$),俗称双氧水,因为与水分子($H_2O$)相比较,过氧化氢多一个氧原子而得名。

纯净的过氧化氢为无色浆状液体,在20℃时相对密度为1.438,熔点-89℃,沸点151.4℃。过氧化氢极易溶解于水、乙醇和乙醚,并能以任何比例混和。

常见的过氧化氢,一般是30%以下的水溶液。

过氧化氢和其他许多过氧化物一样,分子结构特殊(H—O—O—H),性质极不稳定。当受热、振动等外界作用时,易分解成水和氧,甚至有引起爆炸的危险。

$$\underset{\text{过氧化氢}}{2H_2O_2} = 2\underset{\text{水}}{H_2O} + \underset{\text{氧}}{O_2}\uparrow + 46(\text{千卡})$$

在高浓度的过氧化氢溶液中，常加少量乙酰替苯胺、乙酰替乙氧基苯胺等稳定剂。

过氧化氢分解出来的氧具有强烈的氧化性，故过氧化氢及其水溶液常用作氧化性物质、漂白剂、消毒剂等。

在稀溶液中，过氧化氢性质较稳定，分解速度也较缓慢，但仍具有一定的氧化性或腐蚀性。根据浓过氧化氢溶液的性质，应按危险货物运输。一般浓度的过氧化氢，可按腐蚀性物质条件运输。浓度3%及其以下的过氧化氢，则可按非危险货物运输。

运输及装卸、搬运过氧化氢时，必须做到小心谨慎，轻拿轻放，严禁撞击和剧烈振动，过氧化氢的包装应严密不漏，填塞材料要求是不燃性的。因过氧化氢及其各种浓度的水溶液都具有大小不同的氧化性，故应与易燃性物品隔离储放，以免引起火灾。

## 18. 什么是溴？怎样运输？

溴(Br)，卤素中的一种元素，位于周期表第Ⅶ类主族。通常情况下，溴是一种深棕红色的发烟液体，因其有恶臭，所以称它为溴。相对密度3.188，沸点58.8℃，溶点－7.3℃，稍溶于水，其水溶液通常称为溴水。溴水的稳定性较差，受热时会逸出溴蒸气。

溴的化学性质虽不象氯那样活泼，但仍能与许多物质反应。溴和溴水均具有氧化性，如溴与金属钠直接作用使钠氧化成溴化钠NaBr。

$$\underset{\text{溴}}{Br_2} + 2\underset{\text{钠}}{Na} = \underset{\text{溴化钠}}{2NaBr}$$

溴溶解到水里后，能部分与水反应，并分解出强氧化性的氧原子。

$$\underset{\text{溴}}{Br_2} + \underset{\text{水}}{H_2O} = \underset{\text{溴化氢}}{2HBr} + \underset{\text{原子氧}}{[O]}$$

溴及其浓的水溶液均为腐蚀性物质。3.5%及其以下的稀溴水，包装符合要求时，可按普通货物运输。

溴及浓溴水与人的皮肤接触后，除能灼伤皮肤外，吸入溴的蒸气对黏膜刺激大，常引起流泪、咳嗽、头晕、头痛、鼻出血及支气管炎等症状，运输时要特别小心。

## 19. 烧碱、纯碱、硫化碱、泡化碱有何区别？

烧碱、纯碱、硫化碱、泡化碱是经常碰到的几种物质，用途很广，运量较大。

(1)烧碱(NaOH)

学名氢氧化钠，又名苛性钠、火碱。纯品是无色或白色固体，相对密度2.130，熔点318.4℃、沸点1390℃。易潮解，当露置于空气中，表面常因吸水而呈现水珠。易溶于水，并伴随放出大量的热。其水溶液有涩味，并有滑腻感。对皮肤、织物及其他物质有强腐蚀性。属碱性腐蚀性物质。

烧碱能吸收空气中的二氧化碳，相互作用，生成碳酸钠 $Na_2CO_3$ 和水。

$$\underset{\text{氢氧化钠}}{2NaOH} + \underset{\text{二氧化碳}}{CO_2} = \underset{\text{碳酸钠}}{Na_2CO_3} + \underset{\text{水}}{H_2O}$$

(2)纯碱($Na_2CO_3$)

学名碳酸钠，又名苏打，无水碳酸钠纯品是一种白色粉末或粒状，相对密度2.532，熔点851℃。实际上，纯碱是常含有杂质的碳酸钠。

纯碱溶于水，因它是由强碱和弱酸组成的盐，故水熔液呈碱性。纯碱属普通货物。

(3)硫化碱($Na_2S$)

学名硫化钠。为无色或微紫色晶体，相对密度2.427，易溶于水，其水溶液有强碱性腐蚀作用。属碱性腐蚀性物质。

(4)泡化碱($xNa_2O \cdot ySiO_2$ 或 $Na_2SiO_3$)

学名叫硅酸钠,为无色、青灰色或棕色的固体或黏稠性液体,水溶液呈碱性,属普通货物。

## 20. 为什么氨水有刺激性气味?

氨水是氨($NH_3$)溶解于水得到的。它是一种液体化学肥料(氮肥),大量的氨水常以罐车装运,也有用玻璃瓶、铁桶等容器盛装的。

氨是一种无色的有强刺激性气味的气体,相对密度 0.597,氨很容易被液化,在常压下冷却到 -33.4℃,或在常温下加压到 7~8 个大气压时,便可以成为一种无色的液体——称为液氨。铁路运输中的氨气一般都是液氨。

氨极易溶于水,在通常情况下,一体积的水可以溶解 700 个体积的氨气。溶解在水中的氨主要形成水合分子:

$$NH_3 + H_2O \longrightarrow NH_3 \cdot H_2O$$

所生成的氨的水合分子很不稳定,易于重新分解为氨和水。因此,氨气和水的反应实际上是一个可逆过程。

正因为氨水中的水合氨分子不稳定,易分解放出氨气,所以氨水液面上的空间总是含有较多的氨气分子。加之氨气有着较低的嗅阈(能嗅出气味的最低浓度)又有着很强的刺激性气味,特别是对人的眼睛有着较大的刺激。所以,我们就感觉到氨水的气味特别大。

氨气在水中的溶解度是随着温度的升高而降低的。即温度越高,氨气溶解得越少,放出的氨气就越多,作为肥料来说,肥效损失就越大。所以,氨水一般不宜远距离运输,应做到快装、快运,避免日光长久照晒。

氨水除做肥料外,也是一种重要的试剂,在化学上有着广泛的用途。

## 21. 在运输生石灰时如何进行防护?

生石灰又名煅石灰，俗称石灰，化学名称为氧化钙，分子式 CaO。

生石灰为一种白色块状固体物质，相对密度在 3.15～3.40 之间，熔点 2570℃，稍溶于水，能溶于酸，不燃。

生石灰是将石灰石(碳酸钙)通过高温煅烧而成的。

$$\underset{\text{碳酸钙}}{CaCO_3} \xlongequal{\text{煅烧}} \underset{\text{氧化钙}}{CaO} + \underset{\text{二氧化碳}}{CO_2} \uparrow$$

生石灰遇水反应时，能放出大量的热量，而生石灰则变成了浆状的熟石灰，即氢氧化钙 $Ca(OH)_2$。

$$\underset{\text{氧化钙}}{CaO} + \underset{\text{水}}{H_2O} = \underset{\text{氢氧化钙}}{Ca(OH)_2} + \text{热量}$$

运输生石灰时，由于生石灰遇水容易放出大量热量若不能及时逸散，石灰就有可能形成高达数 100℃ 的高温“气包”。这种“气包”里的气冲击出去，遇有可燃或易燃物质时，就很可能引起燃烧。

为了防止装运生石灰时引起着火，应注意以下几点：

①车辆必须保持干燥，禁止用车底板有积水或潮湿的车辆装运生石灰。遇车底板稍有潮湿时，可先装一层约 3～5cm 厚细干灰，30min 后，将存灰扫净再装车；

②刚出窑的热石灰，禁止装车；

③石灰本身必须干燥；潮湿石灰不得和干燥石灰混装；

④应尽可能选用全铁车辆装运生石灰。

## 22. 装卸生石灰时，为什么要进行防护?

生石灰是常见的一种危险性物质，在装卸作业时，往往会造成灼伤、腐蚀等事故。

石灰遇水发生反应，生成熟石灰，并放出大量的热量。在装卸作业时，除受石灰腐蚀外，由于石灰遇汗水也会放出热量，也可引起皮肤的灼伤。因而装卸作业中应穿工作服。

生石灰在运输中，有些已经变成了粉末状，当这些粉末吸入体内，会导致呼吸道受刺激和灼伤，所以在装卸作业中应穿戴工作服、鞋、帽，最好戴上防护眼镜、口罩，以保护眼睛及呼吸道。作业完毕应及时清洗身体。

## 23. 为什么遇酸性腐蚀性物质沾污时，可用稀苏打水冲洗？遇碱性腐蚀性物质沾污时，可用稀醋酸、稀硼酸水冲洗？

凡是酸和碱相互作用生成盐和水的反应，叫做中和反应。通过酸和碱中和反应后，酸失去了酸性，碱失去了碱性。

苏打，学名碳酸钠，是一种由强碱（氢氧化钠）和弱酸（碳酸）所组成的盐，故其水溶液呈碱性。当碱性溶液与酸性物质作用时，发生反应，消除了酸性。以硫酸和苏打的反应为例，它们之间相互作用，最后生成硫酸钠、水和二氧化碳。

$$\underset{\text{硫酸}}{H_2SO_4} + \underset{\text{碳酸钠}}{Na_2CO_3} = \underset{\text{硫酸钠}}{Na_2SO_4} + \underset{\text{水}}{H_2O} + \underset{\text{二氧化碳}}{CO_2} \uparrow$$

所以，遇酸性腐蚀性物质沾污时，可用稀苏打水、石灰水、肥皂水等碱液中和，消除腐蚀作用。

遇碱性腐蚀性物质沾污时，可用稀酸液进行中和，用2%的醋酸溶液或2%的硼酸溶液中和。

以醋酸和氢氧化钠的作用为例，它们发生化学反应，生成醋酸钠和水从而消除腐蚀作用。如：

$$\underset{\text{醋酸}}{CH_3COOH} + \underset{\text{氢氧化钠}}{NaOH} = \underset{\text{醋酸钠}}{CH_3COONa} + \underset{\text{水}}{H_2O}$$

## 24. 为什么无水氯化铝和三氧化硫发生火灾禁用水扑救？

无水氯化铝（$AlCl_3$）和三氧化硫（$SO_3$）均为腐蚀性物质，它们

遇水后迅速反应，产生大量热量，甚至有引起爆炸的危险。

无水氯化铝遇水后反应剧烈，甚至爆炸，并放出大量有害的氯化氢(HCl)气体。

$$\underset{\text{氯化铝}}{AlCl_3} + \underset{\text{水}}{3H_2O} = \underset{\text{氢氧化铝}}{Al(OH)_3} + \underset{\text{氯化氢}}{3HCl} \uparrow$$

三氧化硫遇水的反应十分剧烈，放出大量热量，以致引起爆炸，造成腐蚀性液滴飞溅，危及人体和其他物质的安全。如：

$$\underset{\text{三氧化硫}}{SO_3} + \underset{\text{水}}{H_2O} = \underset{\text{硫酸}}{H_2SO_4}$$

除无水氯化铝和三氧化硫以外的其他腐蚀性物质，如四氯化钛、四氯化锗、四氯化硅、四氯化硫、氯化硫酰、三氯化磷、氯磺酸等，它们与遇水都发生强烈反应，生成有害的物质或引起爆炸，故都不可轻易用水灭火。

多种溴化物的性质类似氯化物，遇水发生剧烈反应，放出有毒的溴化氢(HBr)气体，所以不可以水扑救。

## 25. 腐蚀性物质具有哪些危险性?

腐蚀性物质的危险性可归纳为以下几点：

(1)腐蚀性

它们对人体皮肤、衣物及其他许多物质有灼伤、腐蚀和破坏作用。由腐蚀性物质挥发出来的蒸气，对人体有害，也具有腐蚀破坏作用。其中，由酸性腐蚀性物质所引起的腐蚀，叫酸性腐蚀；由碱性腐蚀性物质所引起的腐蚀，叫碱性腐蚀。

(2)毒害性

绝大多数腐蚀性物质及其蒸气都是有毒的，有碍人体健康。腐蚀本身就是一种毒害。

(3)氧化性

腐蚀性物质中的硝酸、发烟硝酸、发烟硫酸、溴、过氧化氢溶液等，都是强氧化性物品。尤其是硝酸和漂白粉，当与有机易燃物或其他易燃物接触时,极易因强烈氧化反应而引起火灾。

(4)燃烧性或还原性

无水肼和水合肼等有机腐蚀性物质,遇强氧化性物质或明火极易引起火灾。

(5)遇水发热性

不少腐蚀性物质遇水反应剧烈,放出大量热量,有引起爆炸或火灾的危险。

# 第十章　杂项危险物质和物品

### 1. 什么是杂项危险物质和物品，怎样分类？

杂项危险物质和物品是在运输过程中具有其他类别未包括的危险的物质和物品。杂项危险物质和物品主要包括：未包括进其他类别的危害环境物质；高温物质；转基因生物和微生物。

### 2. 什么是高温物质？

高温物质是指运输或交运的货物的温度为：

(1)温度为100℃或更高的液态物质；

(2)闪点为60.5℃以上并故意加温超过其闪点的液态物质；

(3)温度为240℃或温度更高的固态物质。

如：UN3257 高温液体，未另列明的；UN3258 高温固体，未另列明的。

### 3. 什么是危害环境的物质？

危害环境的物质主要包括污染水生环境的液体或固体物质，以及这类物质的混合物。

如：UN3077 对环境有害的固态物质，未另列明的；UN3082 对环境有毒的液态物质，未另列明的。

### 4. 什么是转基因生物和转基因微生物？

转基因生物和转基因微生物是有目的地通过基因工程，以非自然发生的方式改变基因物质的生物和微生物。

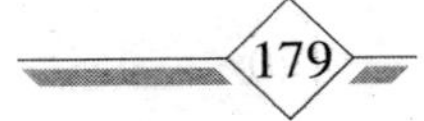

如:UN3245 基因改变的微生物。

### 5. 常见的杂项危险物质和物品有哪些?

常见的杂项危险物质和物品有:内燃机、自动膨胀式救生设备、危害环境的液体或固体物质、电池等。

如:UN3090 锂电池组;
UN3334 空运受管制的液体,未另列明的;
UN3335 空运受管制的固体,未另列明的。

### 6. 什么是易制毒化学品,它分为哪几类?

易制毒化学品是指被用于制造毒品的危险货物。它分为3类:

(1)可以用于制毒的主要原料;
(2)和(3)可以用于制毒的化学配剂。

### 7. 什么是毒品? 它分为哪几类?

联合国麻醉药品委员会将毒品分为六大类。它们是:
①可卡因和可卡叶;
②大麻;
③安非他明等人工合成兴奋剂;
④安眠镇静剂,包括巴比妥药物和安眠酮;
⑤精神药物,即安定类药物。
世界卫生组织(WHO)则将毒品分为八大类。它们是:
①吗啡类;
②巴比妥类;
③酒精类;
④可卡因类;
⑤印度大麻类;

⑥苯西胺类；

⑦柯特(Khat)类；

⑧致幻剂类。

国际上对毒品的排列分10个号，主要是鸦片、海洛因、大麻、可卡因、安非他明、致幻剂等10类，其中海洛因占据第3、4号，即3号毒品和4号毒品，即通常在世界上被人们普遍习惯称的"3号海洛因"、"4号海洛因"。由于这样的习惯叫法使人们误以为还有1号、2号海洛因，而1号、2号海洛因实际是吗啡(盐基物)或吗啡类。

### 8. 什么是麻醉药品和精神药品？精神药品分为几类？

麻醉药品和精神药品是药品中的特殊的一类商品。其中，麻醉药品主要用于镇痛治疗，常用品种有吗啡、杜冷丁、芬太尼等；精神药品主要用于镇静催眠，常用品种有安定、速可眠、咪达唑仑、利他林等。

为了加强麻醉药品和精神药品运输的管理，国家食品药品监督管理局特公布其麻醉药品和精神药品目录。其中，精神药品又分为两类。凡是列于第1类精神药品目录的药品和麻醉药品，托运或自行运输时，均需获得所在地药品监督管理部门的批准。取得运输证明后，方可运输。

# 第十一章　消防知识

## 1. 造成火灾的主要原因是什么?

造成火灾的主要原因有以下几个方面:

(1)明火引燃起火

在火灾事故中,由于明火作用而引起的火灾是最常见的。点燃的火柴,带火的烟头等火种,当火种接触易燃、易爆等危险物品或其他可燃物时,均易造成火灾。因此,凡作业场所,应严禁烟火,以免引起火灾事故;

(2)摩擦或碰击起火

摩擦和碰击能产生高温或火花,因而强烈摩擦和碰击也是引起火灾的重要原因之一。危险物品中的爆炸品、有机氧化性物质、自燃物质和易燃固体,经撞击摩擦后,极易引起燃烧甚至爆炸。使用铁质装卸工具作业时,由于剧烈的碰击摩擦作用,会产生高温和冒出火星,容易造成易燃液体及其他易燃物质的燃烧。在运输中,应避免或减轻摩擦与碰击;

(3)自燃起火

多为燃点低的自燃物质,经空气的氧化作用或较高温度的影响,不与明火接触便能够自行起火。

(4)化学反应起火

由于物质之间的化学作用而引起的火灾。例如,金属钠、氧化钙遇水引起的火灾等;

(5)电流起火

由于电流的短路或超负荷,启动开关过猛或接线不好,或使用无防护装置的电动装卸机具所导致的；

(6)爆炸起火

爆炸时，往往可使气温升高到1000℃，这样的温度足以导致周围物资的燃烧；

(7)雷击起火

雷击时能放出大量的能量，以致引起可燃物质的燃烧。所以，危险品的仓库，必须安装避雷装置。

## 2. 灭火的方法有哪几种？

燃烧，是一种既发光又发热的剧烈化学反应。

火灾和燃烧不同。燃烧不一定就引起火灾。

火灾是指一种造成损害的燃烧，如运输中，危险品货物车辆及货物的燃烧叫做火灾。

物质引起燃烧和继续维持燃烧的3个条件是：

①可燃物，物质本身是可以燃烧的；

②充足的空气、氧气或氧化性物质。当可燃物质燃烧时，必须源源不断地供给燃烧所需要的空气、氧气或氧化性物质，使燃烧能进行和继续下去；

③一定的温度。物质燃烧必须要有一定的温度，只有达到物质燃烧所需要的温度，燃烧才会发生和进行，而且温度越高，物质的燃烧越容易发生和进行。

根据物质燃烧的条件及其火灾的性质，确定灭火的几种基本方法：

(1)隔离或疏散法

在发生火灾时，迅速将可燃物品及其他物质与燃烧物隔离开，或把其未燃的物质搬离现场，进行疏散。

(2)窒息法

为了减少空气中氧气的含量，造成一个缺乏氧气或氧气不足

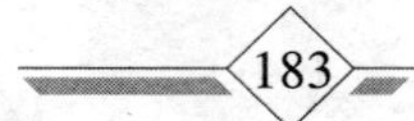

的现场。在密闭的场所,可将门窗关闭及使用泡沫灭火器,酸碱灭火器,二氧化碳灭火器,四氯化碳灭火器,四氯化碳灭火器等灭火工具,使燃烧物与空气相互隔离,在没有空气或空气不足的情况下,燃烧即可停息。当空气中氧气含量减少到15%左右,燃烧就不会再继续。

(3)冷却法

物质的燃烧只有在达到其燃烧点时才能发生。因此,用冷却法来降低燃烧物的温度,温度越低,燃烧速度越慢。当温度降至燃烧物的燃点以下时,燃烧就会自行熄灭。冷却法是一种普遍采用的灭火方法,水则是最重要的冷却剂之一。

(4)化学反应中断法

燃烧既然是一种发光、发热的剧烈的化学反应,如果使该化学反应中断,燃烧也就停止了。使用1211灭火,就是这一原理。

### 3. 为什么水可用来灭火? 怎样使用?

水是一种极为重要的灭火物质,它作为灭火剂,主要原因有下面几个方面:

(1)热容量大

水是一种吸热性很强的物质,有着很大的热容量,能够吸储大量的热量,1kg水温度升高1℃,需要4200J的热量;而当1kg水蒸发汽化时,又需要吸收2263.8J的热量。这样,水就可以从燃烧物上吸收掉很多的热量,使燃烧物的温度迅速降低,以致把火熄灭。

(2)隔离空气

当水喷入燃烧区以后,便立即受热汽化成为水蒸气。1kg水全部蒸发时,能够形成1700L体积的水蒸气。

当大量的水蒸气笼罩于燃烧物周围时,可以阻止空气进入燃烧区,从而大大减少了空气中氧的百分比含量,使燃烧因缺氧窒息而熄灭。

(3)机械冲击性

具有一定压力的水,能够起到一种机械性的冲击作用,使火焰与燃烧体分离开来,以致达到扑灭火焰的目的。

水适用于扑救初期火情,也用来扑救大型火灾。灭火时,一般是以水、水柱(具有一定压力的水)、雾状水和水蒸气 4 种状态出现的。因此,根据燃烧物的性质和燃烧时的实际情况,采用不同状态的消防用水进行扑救火灾是十分必要的。水柱是一种通过水泵加压,从而成为具有一定压力的密集水柱。这种具有相当压力的水流比普通水的灭火效果好,射程远,机械冲击力大,因此常用来扑救大型火灾。雾状水可施救于体积大,散布面积广,故可用于扑救重油等许多物质的火灾。水雾喷洒到燃烧区后,受热形成水蒸气,当空气中水蒸气浓度达到 30% ~35% 左右时,便可使火熄灭,因此水雾喷洒适用于密闭库房或车厢内火灾的扑救。

### 4. 哪些性质的危险货物不得用水灭火?

不得用水灭火的危险货物,有以下几种:

①遇水发生剧烈的化学反应,同时放出大量易燃或助燃性气体和热量的物质。如金属钠、钾、钙、氢化锂、碳化钙等遇水放出易燃气体的物质;过氧化钾、过氧化钠等活泼金属过氧化物。它们遇水发生剧烈反应,放出大量的氢气、乙炔气、氧气和热量。

②遇水放出大量热量,易引起燃烧和爆炸的物品,如氯磺酸、无水氯化铝、三溴化磷等。

③质轻易飞扬的金属粉末。这些粉末状金属物质分散在空气中,遇明火容易引起燃烧和粉尘爆炸,如钍粉、钛粉、铝粉、镁粉等。

④比水轻又不与水混溶的液体物质,主要包括各种易燃液体,如汽油、煤油、甲苯、苯等。

⑤没有切断电源的火灾现场。水不仅能进行微弱的电离,而且一般的水里都含有电解质,会传导电流,灭火时不注意,极易造

成触电等意外事故。

### 5. 哪些危险货物的灭火，必须先压盖砂土后用水扑救？

有的危险货物虽然不可直接用水灭火，但在预先用砂土压盖或进行了一定防护的情况下，也可用水扑救。这些物品的特点是：

①体轻容易飞扬的金属粉末，如危险物品中的闪光粉、镁粉、铝粉、银粉及其他许多粉末状毒性物质；

②受热易熔化成液体和易溶解于水的氧化性物质，如除活泼金属过氧化物以外的其他许多无机氧化性物质和有机氧化性物质；

③遇水后剧热，容易造成酸液或碱液飞溅的腐蚀性物质，如浓硫酸、氧化钠、氯磺酸等；

④毒性极大，容易造成空间污染的物品，如毒性物质中的各种粉状物品等。

以上性质的物品中，有的能与水发生化学反应，但相互作用后的危害性不太大。在先用砂土压盖或采取防护措施后，同样可以用水灭火，并能起到预期的效果。

用砂土盖压的目的是：

①使粉末状的危险物品不致发生飞扬或减少其飞散程度；

②使危险物品的熔融物或溶解物不致四处流动或减小其流动面积；

③不致造成酸液、碱液飞溅，减小其飞溅现象。

### 6. 为什么砂土能够用来灭火？

砂土灭火，是存放危险物品及其他物资的仓库，常用的灭火物资。

砂土能够用来扑救火灾，是因为当其覆盖于燃烧物上面时，可使燃烧物与空气隔离，致使燃烧因缺乏空气而自灭；另外，砂土有良好的吸热性，当它和燃烧物接触时，能够从中吸取热量，使燃烧物的温度迅速下降，以致达到灭火的目的。同时，覆盖于燃烧物上的砂土，处于火焰的根部或燃烧体的分解部位，有利于抑制其分解变化的速度，从而使火焰熄灭。

砂土颗粒的大小与其灭火性能的好坏有很大关系，砂土的颗粒越小，分散性越大，其灭火性能就越好；反之，灭火性能就差。所以，仓库可备有足量的砂土，并选用分散性好的细砂土作为灭火材料。

另外，砂土不得用来扑救爆炸性物品导致的火灾，否则，会带来更大的危险。

## 7. 为什么泡沫灭火器能够灭火？

泡沫灭火器，如图 11-1 所示。机筒内装的药物分别是硫酸铝溶液和含有皂素起泡剂的碳酸氢钠溶液。灭火时，将机筒倒立过来，使硫酸铝溶液和碳酸氢钠溶液相互接触。此时，它们立即发生剧烈化学反应，放出大量的二氧化碳气体。

$$\underset{\text{硫酸铝}}{Al_2(SO_4)_3} + \underset{\text{碳酸氢钠}}{6NaHCO_3} = \underset{\text{硫酸钠}}{3Na_2SO_4} + \underset{\text{氢氧化铝}}{2Al(OH)_3}\downarrow + \underset{\text{二氧化碳}}{6CO_2}\uparrow$$

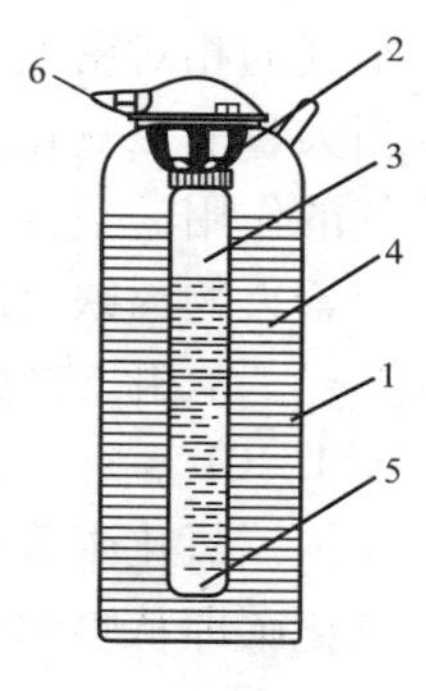

图 11-1 泡沫灭火器结构图
1-铁筒；2-玻璃容器的金属支架；3-玻璃容器；4-碳酸氢钠溶液；5-硫酸铝溶液；6-喷口

二氧化碳是一种化学性质极不活泼的气体，自身既不能燃烧，也不能助燃。当含有泡沫剂和大量二氧化碳的混合物喷射到燃烧区后，二氧化碳气体便会把燃烧物包围起来，形成一个很厚的隔离层，使燃烧物与空气隔离开来，燃烧因缺乏空气而自行熄灭。

泡沫灭火器是汽油、煤油等易燃液体初起火时的一种简便灭火工具，对其他许多物品初起火灾，也有十分良好的灭火效果，为一种广泛使用的灭火工具。

但是,泡沫灭火器不能用来扑救与水反应放热的物质的火灾。如遇水放出易燃气体的物质、金属过氧化物和其他忌水物品,以及带电物资。因为,由泡沫灭火器喷射出来的泡沫里不仅含有大量的水,而且含有很多的硫酸铝、碳酸氢钠、硫酸钠等电解质,电解质溶液很容易传导电流,因此容易引起触电。

## 8. 为什么二氧化碳灭火器能够灭火?

二氧化碳是一种既不燃烧,也不助燃的稳定性气体,又名惰性气体,属压缩气体和液化气体中的不燃气体。二氧化碳不导电,对空气的相对密度 1.53,微溶于水。因为二氧化碳具有上述性质,当大量的二氧化碳气体笼罩于燃烧物的周围时,可以起到隔绝空气的作用。空气中二氧化碳的含量达到 30% ~35% 左右时,即可使着火物因缺氧或氧气供应不足而熄灭。

二氧化碳气体能够液化。液体二氧化碳对水的相对密度 1.101。

二氧化碳灭火器中装有液体二氧化碳,使用时将开关拧开,二氧化碳即从喷嘴喷出,见图 11-2 所示。

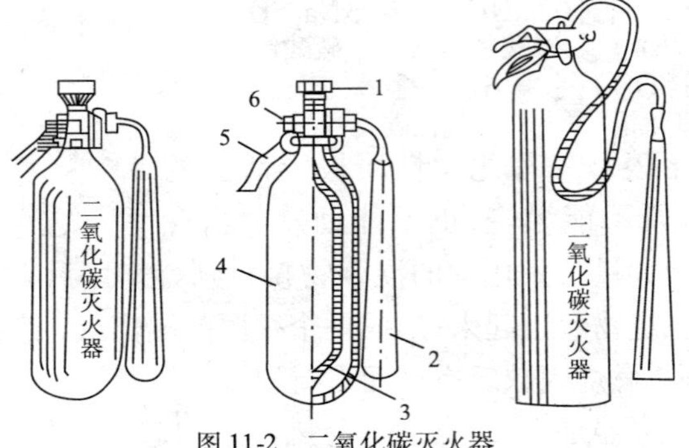


图 11-2　二氧化碳灭火器

1-手枪;2-喷射筒;3-虹吸管;4-钢瓶;5-提手;6-安全阀

液体二氧化碳在喷嘴处迅速蒸发变成气体，同时吸收大量的热，致使温度显著下降(可降至 $-78.5℃$)，并在喷嘴处出现冰冻现象。灭火时应特别注意，避免冻僵手臂和身体，阻碍扑救工作的正常进行。

二氧化碳不导电，不含水，又无腐蚀性、毒害性，因此，它是一种良好的灭火物质，广泛用于电器设备，精密仪器等的火灾。但是，二氧化碳灭火器不宜用来扑救金属钠、钾、镁、铝等活泼金属的火灾。否则，不但起不到灭火作用，还有引起爆炸的危险。这是因为在高温条件下，活泼金属仍可在二氧化碳里燃烧，并将其中的碳素置换出来。

$$4Na + CO_2 = 2Na_2O + C$$

钠　二氧化碳　氧化钠　碳

游离出来的碳，当飞散到空气中时，遇明火有引起空间爆炸的危险。

## 9. 为什么酸碱灭火器能够灭火?

酸碱灭火器在结构上和泡沫灭火器相近。不同的是，在酸碱灭火器内，分别盛装浓硫酸(内筒)和碳酸钠溶液。灭火时，只要把机筒倒转过来，浓硫酸就会与碳酸钠溶液接触，发生剧烈化学反应，生成硫酸钠、水、二氧化碳。

$$H_2SO_4 + Na_2CO_3 = Na_2SO_4 + H_2O + CO_2\uparrow$$

硫酸　碳酸钠　硫酸钠　水　二氧化碳

反应后生成大量的二氧化碳和水蒸气，笼罩于燃烧物周围，起到灭火作用。

酸碱灭火器的灭火范围和泡沫灭火器一样，适用于扑救一般物资的初起火灾，不能用来扑救带电设备，遇水放出易燃气体的物质及其他忌水忌腐蚀物资的火灾。

## 10. 为什么四氯化碳灭火器能够灭火?

四氯化碳($CCl_4$)是一种无色透明的液体，有特殊臭味，不燃，

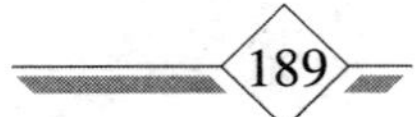

毒性较大，属于有机有毒物品。相对密度为1.58，凝固点-22.95℃，沸点较高，为76.74℃，极易挥发，其蒸气有毒，很重，相当于空气5.5倍。1L液体的四氯化碳完全蒸发，可形成约145L的四氯化碳蒸气。

四氯化碳灭火器的机筒内装有四氯化碳，如图11-3所示，同时还打入一定压力的空气。灭火时，打开开关，四氯化碳受空气压力的作用，从喷嘴喷出。四氯化碳喷到燃烧物上后，由于它的沸点不高，受热后很快挥发成蒸气。四氯化碳蒸气的相对密度很大，不容易被气浪所冲散，所以笼罩于燃烧物的周围，将燃烧物与空气隔离开来，达到灭火的目的。

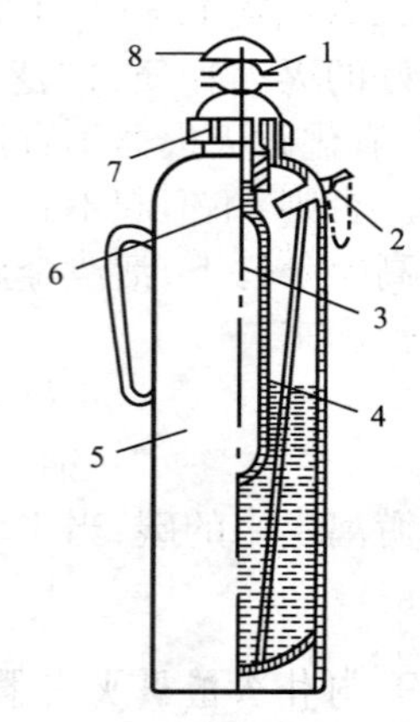

图11-3 高压式四氯化碳灭火器
1-保险夹；2-喷嘴护帽；3-二氧化碳钢瓶；4-四氯化碳溶液；5-机桶；6-阀门；7-阀门盖螺母；8-挺针帽

四氯化碳的蒸发过程，也是一个使燃烧物降温的过程。因为液体的四氯化碳汽化时，需要吸收一定的热量，从而减缓燃烧速度。这也是四氯化碳能够灭火的一个重要原因。

四氯化碳不导电，又无腐蚀性，所以常用于扑救高压电和精密设备的火灾。对易燃液体，易燃固体、爆炸品、遇水放出易燃气体的物质、氧化性物质等一般物资的初起火灾，也有很好的灭火效果。但四氯化碳灭火器不可用来扑救金属钠、钾、钙、镁、铝等活泼金属的火灾，也不宜用于扑救二硫化碳等一些毒性气体和毒性液体的火灾。因为这些金属物质能在四氯化碳中继续燃烧，并使碳游离出来，有引起粉尘爆炸的危险。

$$4Na + CCl_4 = 4NaCl + C$$

钠　四氯化碳　氯化钠　碳

另外，四氯化碳有毒，如果用它来扑救二硫化碳等有毒性物质的火灾，会加大空气的毒害作用，给扑救工作带来障碍，极易造成人体中毒。

使用四氯化碳灭火器灭火时，应特别注意防毒。当空气中四氯化碳的含量在 0.05mg/L 以上时，吸入后短时内可使人中毒。同时，四氯化碳遇热还能与空气中的水分作用，产生剧毒性的光气。

### 11. 为什么碳酸氢钠粉可用来扑救火灾?

碳酸氢钠（$NaHCO_3$），又名重碳酸钠或酸式碳酸钠，俗称小苏打，焙烧苏打，为一种白色粉末状单斜晶体物质，相对密度 2.20。

碳酸氢钠分子不如碳酸钠分子稳定，受热易分解出二氧化碳。当温度升高到 270℃以上时，则可完全分解成碳酸钠（苏打）、水和二氧化碳。

$$\underset{\text{碳酸氢钠}}{2NaHCO_3} = \underset{\text{碳酸钠}}{Na_2CO_3} + \underset{\text{水}}{H_2O} + \underset{\text{二氧化碳}}{CO_2\uparrow}$$

可见，撒在燃烧物上的碳酸氢钠，不仅在分解过程中需要吸收一定的热量，使燃烧物温度下降。同时，又由于受热分解所生成的大量二氧化碳和水蒸气笼罩于燃烧物的周围，使燃烧物与空气隔离，从而达到灭火的目的。

### 12. 为什么干粉灭火器能够灭火?

干粉灭火器，如图 11-4 所示，主要是用碳酸氢钠粉和硬脂酸铝粉、云母粉、石英粉、滑石粉等防潮剂及增滑粉混合制成的，并借助二氧化碳、氮等不燃气体的压力作用，使其喷射出去。

干粉灭火器内的混合粉末，细小而轻飘，喷射浓度密集均匀，分布面积广，可用以扑救大面积的火灾。喷射到燃烧物上的粉末，一则能够防止热量的辐射传播，控制燃烧的扩散；另外，还会起一定的分解变化，放出二氧化碳、水蒸气等隔离气体，冲淡空气中氧的含量，最后把火熄灭。

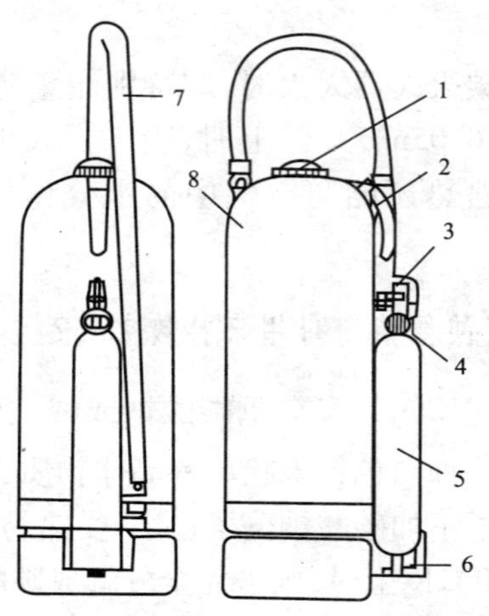


图11-4　干粉灭火器

1-旋转盖子；2-提把；3-机筒与钢瓶的紧固螺母；4-提环；5-二氧化碳钢瓶；6-螺母；7-胶管；8-干粉机桶

干粉灭火器有二氧化碳灭火器，四氯化碳灭火器，泡沫灭火器所具有的一切优点。因此，可用来扑救电器设备，精密仪器，贵重物品，油料物资，危险货物及其他物资的火灾，是一种常备的重要灭火工具。

干粉灭火器内的干粉，应保持高度的分散性，必须注意防雨水，防潮湿，否则会影响灭火效果。

## 13. 为什么氟溴烷烃化合物能够用来灭火？

氟溴烷烃化合物是由二氟一氯一溴甲烷等组成，是烷烃的含氟、氯、溴的衍生物。这类物质具有热稳定性好，不易分解、不燃、沸点低、毒性小等优点。它们与燃烧物反应，可与分解出的碳、氢物质发生化学作用，从而抑制、干扰火焰的链锁反应。同时，其蒸气还有冷却、隔离和窒息的效能，使燃烧停止。

常见的灭火剂，如 1211、1202 等，它们是一类高效能的灭火剂。这种灭火剂通常盛装在耐压钢筒内，并常以氮气充压。一般是 1kg 灭火剂，氮气充压 30kg/cm$^2$。可用来扑救油类，可燃气体，电器设备等火灾。

# 附表

## 元素周期表

原子序数 ← 19 K → 元素符号
钾 → 元素名称
原子量 ← 39.0983
注*的是人造元素

| 族<br>周期 | ⅠA | ⅡA | ⅢB | ⅣB | ⅤB | ⅥB | ⅦB | Ⅷ | Ⅷ | Ⅷ | ⅠB | ⅡB | ⅢA | ⅣA | ⅤA | ⅥA | ⅦA | 0 | 电子层 | 0族电子数 |
|---|---|---|---|---|---|---|---|---|---|---|---|---|---|---|---|---|---|---|---|---|
| 1 | 1 H<br>氢<br>1.00794(7) | | | | | | | | | | | | | | | | | 2 He<br>氦<br>4.002602(2) | K | 2 |
| 2 | 3 Li<br>锂<br>6.941(2) | 4 Be<br>铍<br>9.012182(3) | | | | | | | | | | | 5 B<br>硼<br>10.811(7) | 6 C<br>碳<br>12.0107(8) | 7 N<br>氮<br>14.0067(2) | 8 O<br>氧<br>15.9994(3) | 9 F<br>氟<br>18.9984032(5) | 10 Ne<br>氖<br>20.1797(6) | L<br>K | 8<br>2 |
| 3 | 11 Na<br>钠<br>22.989770(2) | 12 Mg<br>镁<br>24.3050(6) | | | | | | | | | | | 13 Al<br>铝<br>26.981538(2) | 14 Si<br>硅<br>28.0855(3) | 15 P<br>磷<br>30.973761(2) | 16 S<br>硫<br>32.065(5) | 17 Cl<br>氯<br>35.453(2) | 18 Ar<br>氩<br>39.948(1) | M<br>L<br>K | 8<br>8<br>2 |
| 4 | 19 K<br>钾<br>39.0983(1) | 20 Ca<br>钙<br>40.078(4) | 21 Sc<br>钪<br>44.955910(8) | 22 Ti<br>钛<br>47.867(1) | 23 V<br>钒<br>50.9415(1) | 24 Cr<br>铬<br>51.9961(6) | 25 Mn<br>锰<br>54.938049(9) | 26 Fe<br>铁<br>55.845(2) | 27 Co<br>钴<br>58.933200(9) | 28 Ni<br>镍<br>58.6934(2) | 29 Cu<br>铜<br>63.546(3) | 30 Zn<br>锌<br>65.39(2) | 31 Ga<br>镓<br>69.723(1) | 32 Ge<br>锗<br>72.64(1) | 33 As<br>砷<br>74.92160(2) | 34 Se<br>硒<br>78.96(3) | 35 Br<br>溴<br>79.904(1) | 36 Kr<br>氪<br>83.80(1) | N<br>M<br>L<br>K | 8<br>18<br>8<br>2 |
| 5 | 37 Rb<br>铷<br>85.4678(3) | 38 Sr<br>锶<br>87.62(1) | 39 Y<br>钇<br>88.90585(2) | 40 Zr<br>锆<br>91.224(2) | 41 Nb<br>铌<br>92.90638(2) | 42 Mo<br>钼<br>95.94(1) | 43 Tc<br>锝<br>(97,99) | 44 Ru<br>钌<br>101.07(2) | 45 Rh<br>铑<br>102.90550(2) | 46 Pd<br>钯<br>106.42(1) | 47 Ag<br>银<br>107.8682(2) | 48 Cd<br>镉<br>112.411(8) | 49 In<br>铟<br>114.818(3) | 50 Sn<br>锡<br>118.710(7) | 51 Sb<br>锑<br>121.760(1) | 52 Te<br>碲<br>127.60(3) | 53 I<br>碘<br>126.90447(3) | 54 Xe<br>氙<br>131.293(6) | O<br>N<br>M<br>L<br>K | 8<br>18<br>18<br>8<br>2 |
| 6 | 55 Cs<br>铯<br>132.90545(2) | 56 Ba<br>钡<br>137.327(7) | 57－71<br>La－Lu<br>镧系 | 72 Hf<br>铪<br>178.49(2) | 73 Ta<br>钽<br>180.9479(1) | 74 W<br>钨<br>183.84(1) | 75 Re<br>铼<br>186.207(1) | 76 Os<br>锇<br>190.23(3) | 77 Ir<br>铱<br>192.217(3) | 78 Pt<br>铂<br>195.078(2) | 79 Au<br>金<br>196.96655(2) | 80 Hg<br>汞<br>200.59(2) | 81 Tl<br>铊<br>204.3833(2) | 82 Pb<br>铅<br>207.2(1) | 83 Bi<br>铋<br>208.98038(2) | 84 Po<br>钋<br>(209,210) | 85 At<br>砹<br>(210) | 86 Rn<br>氡<br>(222) | P<br>O<br>N<br>M<br>L<br>K | 8<br>18<br>32<br>18<br>8<br>2 |
| 7 | 87 Fr<br>钫<br>(223) | 88 Ra<br>镭<br>(226) | 89－103<br>Ac－Lr<br>锕系 | 104 Rf<br>钅卢*<br>(261) | 105 Db<br>𨧀*<br>(262) | 106 Sg<br>𨭎*<br>(263) | 107 Bh<br>𨨏*<br>(264) | 108 Hs<br>𨭆*<br>(265) | 109 Mt<br>䥑*<br>(268) | 110 Ds<br>鐽*<br>(269) | 111 Uuu<br>*<br>(272) | 112 Uub<br>*<br>(277) | | | | | | | | |

| 镧系 | 57 La<br>镧<br>138.9055(2) | 58 Ce<br>铈<br>140.116(1) | 59 Pr<br>镨<br>140.90765(2) | 60 Nd<br>钕<br>144.24(3) | 61 Pm<br>钷*<br>(147) | 62 Sm<br>钐<br>150.36(3) | 63 Eu<br>铕<br>151.964(1) | 64 Gd<br>钆<br>157.25(3) | 65 Tb<br>铽<br>158.92534(2) | 66 Dy<br>镝<br>162.50(3) | 67 Ho<br>钬<br>164.93032(2) | 68 Er<br>铒<br>167.259(3) | 69 Tm<br>铥<br>168.93421(2) | 70 Yb<br>镱<br>173.04(3) | 71 Lu<br>镥<br>174.967(1) |
|---|---|---|---|---|---|---|---|---|---|---|---|---|---|---|---|
| 锕系 | 89 Ac<br>锕<br>(227) | 90 Th<br>钍<br>232.0381(1) | 91 Pa<br>镤<br>231.03588(2) | 92 U<br>铀<br>238.02891(3) | 93 Np<br>镎<br>(237) | 94 Pu<br>钚<br>(239,244) | 95 Am<br>镅*<br>(243) | 96 Cm<br>锔*<br>(247) | 97 Bk<br>锫*<br>(247) | 98 Cf<br>锎*<br>(251) | 99 Es<br>锿*<br>(252) | 100 Fm<br>镄*<br>(257) | 101 Md<br>钔*<br>(258) | 102 No<br>锘*<br>(259) | 103 Lr<br>铹*<br>(260) |

注:1. 原子量录自1999年国际原子量表,以$^{12}C = 12$为基准。原子量的末位数的准确度加注在其后括号内。
2. 括号内数据是天然放射性元素较重要的同位素的质量数或人造元素半衰期最长的同位素的质量数。